Le conflit en Syrie et en Irak, expliqué aux lycéens

Christophe Stener
&
Les Clionautes

Préface d'Alain Juillet
Président de
l'Académie d'Intelligence Economique

Préface

Dans le monde moderne la toute puissance de l'information et sa rapidité de circulation rendent souvent compliquées des choses simples. L'interprétation des experts réels ou autoproclamés se croisent et s'opposent avec des visions politiques ou idéologiques qui vont de la haine à l'admiration et de la promotion au dénigrement Les Etats, selon leurs relations internationales et leurs objectifs diplomatiques, contribuent à fausser le jugement à travers des actions d'influence donnant une vision partiale ou partielle qui les arrangent. Il s'y ajoute les médias qui choisissent leur camp en fonction de leur ligne éditoriale ou de leurs actionnaires. Il est donc difficile pour celui qui veut comprendre sans se faire manipuler de trouver le chemin critique qui lui permettra de savoir le plus objectivement possible ce qui se passe vraiment et pourquoi on en est arrivé là.

Le cas du conflit en Syrie et en Irak est rendu encore plus emblématique par sa localisation dans une partie du monde où les alliances se font et se défont au gré des intérêts conjoncturels, l'ennemi d'hier pouvant devenir l'ami d'aujourd'hui et réciproquement. Dans le même esprit la religion y est partout présente sous une forme ou une autre, chiite ou sunnite, chrétienne ou juive, possédant chacune ses intégristes, ses fanatiques et ses docteurs de la foi, l'athéisme étant rejeté par tous. Si l'on y ajoute la puissance financière de certains, la pauvreté des autres, la pression de multinationales qui tirent d'immenses profits des exploitations locales, et celles de grandes puissances voulant contrôler partie ou totalité de la zone pour des raisons stratégiques on découvre la complexité de la situation et des solutions à y apporter. L'Orient compliqué ne permet pas sa réduction à un manichéisme primaire.

Comme toujours en géostratégie on ne peut comprendre ce qui se passe si on ignore la géographie, l'histoire locale, et l'économie ou si l'on se refuse à analyser les jeux d'influence respectifs. De l'empire perse à l'empire ottoman, des français installés au début du siècle dernier au Liban et en Syrie aux anglais qui étaient partout ailleurs dans le cadre d'un accord dont nous vivons encore les conséquences, des villages de pauvres pêcheurs du golfe devenus des émirats richissimes aux villes saintes de la péninsule arabique enlevées au bédouin Cherif Hussein pour les donner au wahhabite Ibn Saoud, de l'échec des américains en Irak à l'importance de la base stratégique de Tartous pour les russes, tout contribue à la situation actuelle. Vouloir la ramener à un simple conflit entre un peuple et un dictateur qui protège les minorités et se trouve être le plus laïque du moyen orient est à l'évidence erroné et manipulateur.

On ne peut étudier le présent et son environnement sans se souvenir que tout est parti de la volonté iranienne de construire à travers l'Irak une conduite de gaz jusqu'à la côte syrienne pour avoir un débouché sur la méditerranée pour la production du gisement de South Pars. Dans le même temps il semble bien que les Qataris, appuyés par les Saoudiens et les Turcs, ont eu l'idée d'en construire un autre vers l'Europe à travers l'Arabie, la Turquie et les Balkans ce qui le faisait traverser la Syrie. Bachar El Assad refusa ce projet. C'est à cette époque que commença un soulèvement populaire initié par des groupes dont les principaux leaders se révélèrent très vite salafistes, puis djihadistes, financés de l'extérieur et, pour le plus violent, directement inspiré de la doctrine de l'irakien Zarquawi qui avait combattu Saddam Hussein puis les américains au nom d'Al Qaeda.

Ne voulant pas interférer dans les explications et éclaircissements lumineux donnés par les différents auteurs dans chacun des chapitres, je pense que l'intérêt de ce livre pédagogique et didactique est qu'il montre méthodiquement, en remontant loin dans l'histoire, toutes les facettes du problème tant au niveau des acteurs que des enjeux, de la manière la plus objective possible. Il va permettre au jeune lecteur d'en savoir plus que beaucoup d'adultes sur la question du terrorisme islamique, de sa conception à sa mise en œuvre, et de ne plus se laisser manipuler par les uns ou les autres.

Ce livre va également l'amener à se poser des questions sur la réalité et les choix des uns et des autres. La France, par exemple, s'est-elle lancée dans ce conflit en toute connaissance de cause, pour quels intérêts directs ou indirects, pour la défense de principes ou par méconnaissance de la réalité du dossier ? Le président syrien est-il un monstre à sang froid, un dictateur classique ou un chef de parti pratiquant la brutalité avec ses opposants comme beaucoup de chefs d'Etats de la région ? Qui a intérêt à voir les islamistes de Daech créer un Etat bordant la Syrie, le Kurdistan, la Turquie, l'Irak chiite et d'un peu plus loin l'Arabie saoudite ? Les questions sont multiples et les réponses varieront selon la sensibilité du lecteur et son interprétation des textes.

Un lycéen doit apprendre à se forger sa propre opinion pour que sa formation soit la plus efficace possible et qu'il en tire le maximum de profit. C'est tout le mérite de ce livre, novateur par le choix du sujet et sa cible désignée, que de le permettre. Souhaitons qu'il soit suivi de beaucoup d'autres.

Paris, le 17 janvier 2016

Alain Juillet
Président de l'Académie d'Intelligence Economique
http://www.academie-intelligence-economique.org/

Introduction

L'ambition de cet ouvrage est de présenter aux lycéens l'ensemble des dimensions historiques, économiques, culturelles et cultuelles, du conflit irako-syrien pour leur permettre d'en comprendre les origines, les enjeux et les perspectives.

L'intervention des pays de la région et des puissances étrangères, dont la France, dans le conflit, dans des alliances fondées sur des intérêts géostratégiques a internationalisé ces guerres qui de civiles sont devenues confessionnelles. Le rôle de chaque acteur, Etat, opposition démocrate, mouvements islamistes djihadistes, est complexe. Les alliances militaires, l'action de l'Union européenne et celle de l'ONU sont expliquées. L'irruption du terrorisme djihadiste en France en 2015 et l'importance du nombre de nos compatriotes partis rejoindre Daech a appelé des développements spécifiques sur les moyens de prévenir et combattre le terrorisme en France ainsi que sur son engagement militaire. La place d'internet et des réseaux sociaux dans la propagande et le recrutement djihadiste justifiait également de développements spécifiques.

L'ouvrage collectif, coordonné par Christophe Stener, rassemble les contributions rédigées par un collectif de professeurs que nous remercions vivement. Merci à monsieur Alain Juillet d'avoir bien voulu le préfacer et y apporter ses perspectives géostratégiques.

Puisse ce livre aider les enseignants à présenter cette guerre syro-irakienne, politique et confessionnelle, civile et internationale, dont l'issue militaire et surtout, l'issue politique, est encore incertaine à la date de rédaction de l'ouvrage. Ce n'est pas un ouvrage d'expert mais destiné à l'honnête homme qui formera son propre jugement à partir des faits exposés de la manière la plus objective possible.

La situation militaire étant mouvante, nous avons pris le parti de renvoyer par la bibliographie à des sites internet pour la cartographie du conflit ainsi que pour l'actualité immédiate.

Le conflit en Irak et en Syrie est un rappel de l'Histoire tant il nous apparaît évident qu'il faut en rechercher les causes mais également les perspectives dans les conditions de construction de ces deux Etats nations lors du démembrement de l'empire ottoman ainsi que dans les séquelles de la guerre d'Irak.

Formons le vœu que la pression de l'opinion internationale oblige les belligérants à mettre une fin rapide à ce drame humanitaire qui heurte la conscience humaine.

Mars 2016

Christophe Stener
Ancien élève de l'Institut d'Etudes Politiques de Paris
Ancien élève de l'Ecole nationale d'administration

Bruno Modica
Professeur agrégé d'histoire
Lycée Henri IV de Béziers
Chargé de cours en histoire des relations internationales
Président des Clionautes
http://www.clionautes.org/

Liste des auteurs

Laurent Bensaïd, professeur agrégé d'histoire au lycée Janson de Sailly, Paris

Marc de Velder, professeur agrégé d'histoire au lycée Henri IV, Béziers

Vincent Lahondère, professeur certifié d'histoire-géographie

Dominique Mattei, professeure agrégée d'histoire. Formatrice IUFM

Bruno Modica, professeur agrégé d'histoire, au lycée Henri IV, Béziers

Christophe Stener, ancien élève de l'Institut d'Etudes Politiques de Paris, ancien élève de l'Ena

Frédéric Stévenot, professeur agrégé de géographie au lycée Paul-Claudel, Laon

Jean-Baptiste Veber, professeur certifié d'histoire-géographie au collège Vincent Van Gogh de Clichy la Garenne

Chaque auteur est seul responsable de sa contribution.

1 - Le Moyen-Orient de la première guerre mondiale aux révolutions arabes (1914–2011)

Dépeçage de l'empire ottoman

Considéré comme le carrefour des civilisations, le Moyen-Orient a vu se développer sur ce territoire qui s'étend de la mer Noire à l'océan Indien, de l'Égypte à l'Iran, de la Turquie au sud de la péninsule arabique, les premières organisations politiques, avec les grandes cités de Mésopotamie, les trois grands monothéismes, le judaïsme, le christianisme et l'islam. Ce territoire réunissait majoritairement des populations turques et arabes ainsi que des minorités juives et chrétiennes. Seul l'Iran, que l'on appelait alors la Perse, et le sud de la péninsule arabique échappaient à la domination de cet empire que l'on appelait « ottoman ».
À partir du XIXe siècle, les grandes puissances européennes ont exercé sur cet empire une pression permanente, économique, politique et militaire en jouant sur les rivalités intérieures qui opposaient des populations très diverses, d'un point de vue ethnique comme religieux. Toute l'histoire de cette région de la fin du XVIIe siècle jusqu'à la première guerre mondiale est marquée par des reculs successifs de cet empire ottoman

qui perd simultanément des territoires en Afrique du Nord, avec la conquête française de l'Algérie en 1830, et la constitution des Etats dans les Balkans, comme la Serbie, la Hongrie, la Roumanie ou la Bulgarie, entre autres.

L'armée ottomane entre en guerre au côté des puissances centrales, Allemagne et Autriche-Hongrie et se heurte simultanément à une offensive russe dans le Caucase, anglaise en Mésopotamie. Les Arabes, en Syrie et en Palestine, soutenus par les Britanniques profitent de la situation et se révoltent contre les Turcs. Cette insurrection est conduite par Hussein, le chérif de La Mecque conseillé par Laurence d'Arabie, un agent des services britanniques.

Dès les premières années de la guerre, et dans un premier temps pour rallier l'Italie à l'entente composée par l'empire russe, la Grande-Bretagne et la France, l'empire ottoman est déjà dépecé par anticipation, avec des promesses territoriales faites au gouvernement de Rome. Mais ce sont surtout les accords Sykes-Picot de 1916 qui prévoient un partage de l'empire ottoman démantelé en zones d'influence entre la France et l'Angleterre.

À la fois pour des raisons financières, comme l'accès à des prêts des grandes banques américaines, et pour obtenir un soutien dans leur lutte contre les ottomans dans la région, les

Britanniques qui ont anticipé le partage d'une partie des provinces arabes de l'empire turc avec les accords Sykes-Picot prévoient de placer la Palestine sous régime international et d'y favoriser la constitution d'un espace de peuplement pour les juifs par la Déclaration Balfour du 2 novembre 1917. Ce texte est souvent présenté de façon tronquée. La phrase qui légitime l'implantation juive en Palestine : *«Le gouvernement de Sa Majesté envisage favorablement l'établissement en Palestine d'un Foyer national pour le peuple juif, et il emploiera tous ses efforts pour faciliter la réalisation de cet objectif »*, comporte quand même une suite *: «étant clairement entendu que rien ne sera fait qui porte atteinte aux droits civils et religieux des communautés non juives de Palestine.»*

Le cas particulier de l'Iran

Comme tous les autres pays de la région, l'Iran est une mosaïque de peuples et de religions. Il constitue pourtant un cas à part en raison d'une histoire continue plurimillénaire, comme héritier de l'empire perse. Son autre particularité réside dans son peuplement, les Iraniens, tout comme les Turcs, ne sont pas des Arabes, et dans la religion de la majorité de la population, une division de l'Islam qui remonte au septième siècle de notre ère, le chiisme. Enfin, l'Iran n'a jamais été colonisé, même si à la fin du XIXe siècle ses richesses pétrolières sont sous la domination des Britanniques.

Les mandats britanniques et français au Moyen-Orient

La société des nations attribue, comme territoires à mandats, la Syrie et le Liban à la France, l'Irak, la Transjordanie et la Palestine à la Grande-Bretagne lors de la conférence de San Remo le 20 avril 1920.
Sur ces deux ensembles les puissances mandataires exercent leur autorité en faisant face périodiquement à des soulèvements des populations qui s'opposent à cette forme de domination qui remet en cause leurs spécificités. Les partages d'influence entre les deux grandes puissances ne tiennent absolument pas compte des populations en cause.

Le Moyen Orient en guerres

Avec la fin de la seconde guerre mondiale le Moyen-Orient rentre dans une période de conflits permanents, à la fois interétatiques et intra-étatiques, sur fond d'oppositions territoriales, religieuses, pétrolières, hydrauliques, tribales, claniques, et ethniques.

Si les conflits du Moyen-Orient ne sont pas directement liés à la confrontation planétaire qui oppose, entre 1947 et 1991 les leaders des deux blocs, soviétique d'une part et occidental d'autre part, il n'en demeure pas moins que les deux superpuissances sont très clairement parties prenantes de l'ensemble de ces confrontations.

D'une guerre israélo-arabe à l'autre

Aux lendemains de la seconde guerre mondiale, et comme compensation au sort des juifs d'Europe pendant la shoah, un plan de partage de la Palestine, au détriment des palestiniens, est proposé par les Nations Unies en 1947. Le refus des palestiniens, et la proclamation de l'État Israël le 14 mail 1948 est à l'origine de la première guerre israélo arabe.

L'échec subi lors de cette première guerre suscite dans l'ensemble des pays arabes l'affirmation d'un fort mouvement nationaliste, largement influent dans les armées nationales. L'élimination de l'État d'Israël est l'un de ses thèmes de mobilisation, en Irak, en Syrie mais surtout en Égypte, avec Nasser, à partir de 1954. Les grands pays arabes reprennent à leur compte, de façon d'ailleurs assez confuse, le projet d'une Union des nations arabes, le panarabisme. Les éléments d'unité de la nation arabe, comme la langue, doivent se substituer aux frontières artificielles héritées de la période mandataire. En 1956, la politique de Nasser à propos de la nationalisation du canal de Suez conduit à une nouvelle guerre israélo-arabe, sur fond d'intervention militaire franco-britannique en novembre.

La Révolution de 1958 en Irak qui porte au pouvoir des militaires nationalistes et antioccidentaux amène à un rapprochement du pays avec l'Union soviétique. De la même façon, et après une série de sept coups d'état, la Syrie voit s'installer au pouvoir, en 1970, le général Hafez al-Assad, membre de la minorité alaouite qui entend poursuivre une pression permanente contre Israël, et qui ne fait pas mystère d'exercer une forte influence sur le Liban voisin.

La guerre des Six Jours, déclenchée par Israël, en riposte à un blocus du golfe d'Akaba, apparaît comme une terrible défaite pour les pays arabes, Jordanie, Égypte, Syrie. L'armée israélienne s'empare de Jérusalem-est, occupe la Cisjordanie et la bande de Gaza, qui avait été annexées respectivement par la Jordanie et l'Égypte après

1949, s'installe dans le Sinaï et sur le plateau du Golan.

Après la guerre du Kippour, déclenchée en 1973 par l'Egypte et la Syrie, on assiste à un rapprochement de l'Égypte et de l'État d'Israël qui aboutit à la signature des accords de camp David en 1978. Les difficultés des palestiniens vivants dans les territoires occupés depuis 1967, un certain sentiment d'abandon de la part des pays arabes censés les soutenir conduits au déclenchement en 1987 de la première intifada, une « guerre des pierres » que l'armée israélienne réprime par la force.

1991 - 2011 - Nouvelle période, nouveaux enjeux

L'implosion de l'Union soviétique, tout comme la révolution iranienne de 1979 qui l'a précédée ouvrent une nouvelle période dans l'histoire du Moyen-Orient.

La révolution islamique en Iran, dans un pays chiite, est tout d'abord un échec de la stratégie américaine dans la région qui perd l'un de ses alliés essentiels. Les États-Unis conservent pourtant des points d'appui importants dans les monarchies pétrolières du golfe arabique, et en tout premier lieu en Arabie Saoudite.

Dès 1980, le dirigeant irakien, Saddam Hussein cherche à apparaître comme une nouvelle puissance régionale en espérant un effondrement rapide de l'Iran déstabilisé par la révolution islamique. Il reçoit d'ailleurs un soutien très large, des monarchies pétrolières et des pays occidentaux qui considèrent l'Irak comme un rempart contre l'Iran. Au terme d'une guerre sans vainqueur ni vaincu, l'Irak se retrouve en 1988 profondément affaibli. Il pense pouvoir compter sur le soutien traditionnel de l'Union soviétique et s'engage en août 1990 dans une annexion du territoire du Koweït qui le mettrait à la tête de près de 20 % des réserves pétrolières mondiales.

Une coalition de pays arabes et occidentaux, sous direction des États-Unis libère le Koweït de l'occupation irakienne sans pour autant remettre en cause l'unité du pays. L'Irak subit de la part de ses vainqueurs un embargo qui touche durement la population.

À propos du conflit israélo-arabe, la première Intifada qui s'achève en 1991, le sentiment qu'il faut trouver une porte de sortie honorable à ce conflit conduit à la signature, en 1993, des accords d'Oslo, avec l'arbitrage du président Bill Clinton. La reconnaissance mutuelle de l'État d'Israël et de l'Organisation de Libération de la Palestine (OLP) comme représentant du peuple palestinien, l'attribution d'une base territoriale à un futur État palestinien en Cisjordanie, et l'engagement de la fin de l'occupation de la bande de Gaza ont permis d'espérer, pendant une brève période, la fin de ce conflit.

L'irruption du religieux dans l'équation politique du Moyen-Orient

Parmi les questions que l'on avait souhaitées remettre « à plus tard », lors des accords d'Oslo, le statut de Jérusalem, ville trois fois sainte, montre bien que le facteur religieux est particulièrement important.

Le statut de Jérusalem est à l'origine du déclenchement de la deuxième Intifada, à partir de 2000, qui marque la fin des espoirs de paix.

De la même façon, et même si cela ne concerne pas directement le Moyen-Orient, la résistance d'une partie de la population afghane à l'occupation soviétique de 1979 à 1989 avait permis l'affirmation, au nom de la défense de l'Islam contre les infidèles, de plusieurs mouvements islamistes radicaux qui avaient reçu alors un soutien appuyé des États-Unis par l'intermédiaire du Pakistan.

La désorganisation du pays et l'opposition entre factions rivales après le départ des troupes soviétiques en 1989 permet la constitution en

Afghanistan, surtout après 1990, de groupes armés comme les talibans qui s'emparent du pouvoir en 1996 et qui fournissent un sanctuaire au mouvement terroriste structuré par Ben Laden : Al Qaïda.

C'est ce mouvement qui est à l'origine des attaques simultanées contre les tours jumelles du World Trade Center et le Pentagone au moyen d'avions de ligne détournés le 11 septembre 2001.

La guerre contre le terrorisme déclenchée par les États-Unis après les attaques sur le sol américain conduit à deux interventions contre l'Afghanistan des talibans, dont le pouvoir sur Kaboul est facilement abattu (Décembre 2001) mais également contre l'Irak de Saddam Hussein à partir de mars 2003. Dans ce cas précis l'intervention militaire américaine ne reçoit pas de mandat des Nations unies. La France notamment manifeste de façon très claire son opposition sur ce point.

Ces interventions militaires dans lesquelles les États-Unis se retrouvent enlisés jusqu'en 2014 finissent de déstabiliser le pays en remettant totalement en cause ses infrastructures administratives et politiques au profit des kurdes au nord du pays et des chiites qui représentent sensiblement plus de la moitié de la population de l'Irak.

L'impasse dans laquelle se trouve actuellement le mouvement palestinien, profondément divisé entre le Hamas, mouvement islamiste, émanation des Frères musulmans, et l'organisation de libération de la Palestine dirigée, depuis la mort de Yasser Arafat en 2004 par Mahmoud Abbas, favorise dans l'ensemble du monde musulman différentes formes d'extrémisme.

Dans le cas de la Syrie, le clan au pouvoir se rassemble après la mort de Hafez al-Assad en 2000 autour de l'un de ses fils, Bachar al-Assad qui entend maintenir la domination de la minorité alaouite sur l'ensemble du pays.

Conclusion

Au début de l'année 2011, avant que n'éclatent les révolutions arabes, le Moyen-Orient est toujours dans une situation profondément instable. Cette situation a été aggravée par des interventions occidentales qui ont remis en cause des cadres nationaux déjà fragiles et que des parties significatives des populations considéraient comme illégitimes. Le Moyen-Orient dont une partie significative des pays qui le composent, dépend de la rente pétrolière, n'a pas été en mesure d'apporter à la plus grande partie de sa population un progrès social suffisant. D'autres pays comme l'Égypte, mais également la Syrie, ou encore la Jordanie, ont rencontré, du fait du maintien d'une forte croissance démographique, des difficultés sociales majeures, aggravées sans doute par l'importation de la crise économique mondiale de 2008.

Ces facteurs externes, ajoutés à des foyers de tensions internes qui se sont cristallisés depuis des décennies ont créé les conditions d'une instabilité sociale et politique majeure favorisée par le jeu contradictoire des acteurs régionaux, comme la Turquie, l'Iran, l'Arabie Saoudite et les autres monarchies pétrolières.

Bruno Modica

2 - Chronologie 2011-2015

Si le déclenchement de la guerre civile en Syrie fut provoquée, en 2011, par la répression violente de la contestation démocratique, initialement pacifique, du régime autoritaire de Bachar el-Assad, c'est l'absence de réconciliation nationale irakienne après le renversement, en 2003, du régime de Saddam Hussein par l'invasion américano-britannique, soutenue à la fois par l'Arabie saoudite et l'Iran, qui fournit le combustible à l'embrasement islamiste. Les deux guerres civiles, larvée en Irak et ouverte en Syrie, ont été mises à profit et confessionnalisées par les organisations islamistes financées par les pétromonarchies. L'Iran et la Russie interviennent pour sauver Bachar el-Assad tandis que les pays occidentaux et arabes œuvrent pour son renversement. Ces conflits nationaux sont ainsi l'espace de confrontation, par féal interposé, des grandes puissances régionales et mondiales. La propagande médiatique de ses exactions par l'Etat islamique (EI) et les attentats terroristes mondialisent le conflit qui mobilise l'Australie et inquiète la Chine. cf. chap. 16&17

La période 2011-2015 sera présentée autour de ses grands moments structurants.

2011-2012 Le printemps arabe syrien confisqué par l'islamisation d'une contestation au départ démocratique et pacifique

2011 La contestation démocratique des régimes en place désignée sous le vocable de 'Printemps arabe', initiée en Tunisie en décembre 2010, conduira au renversement des régimes en Tunisie (14/01/11), en Egypte (11/02/11), au Yémen (27/02/12), en Lybie (23/08/11). Le Qatar attise le feu de la rébellion par les reportages d'Al-Jazeera. Des remaniements ministériels, la distribution d'argent et la répression policière, en des proportions variables, contint la contestation au Maroc, en Algérie, Jordanie, Koweït, Bahreïn, Arabie Saoudite et Oman. Le Liban, vraie démocratie, reste peu touché par ce mouvement général du monde arabe. En Irak, la 'journée de la colère' du 25/02/11, est rapidement réprimée. Les monarchies du Golfe ont vu leur trône vaciller; es Frères musulmans gouvernent en Tunisie à travers le parti Ennadhan et en Egypte, à travers le Parti Liberté et Justice de Mohammed Morsi. La Turquie est dirigée par l'AKP d'Erdogan qui s'éloigne du laïcisme kémaliste dans une ambition néo-ottomane.

15/03/2011 Début du Printemps syrien. Le Président syrien Bachar el Assad sort de quelques brèves années de modernisation de l'image du régime marquée par la lune de miel avec le président français Nicolas Sarkozy, communication instrumentalisée par Hamad al Thani, l'émir du Qatar, ami des deux Présidents, et marquée par la visite d'Etat en France et la présence du dirigeant syrien, hôte d'honneur de la France, au défilé militaire du 14 juillet 2008 puis le dîner privé des deux couples présidentiels le 8/12/10. Le 31/1/11, le Président Assad, interrogé sur le Printemps arabe, déclare : « La Syrie est stable. Parce que nous partageons les convictions du peuple ». Le 15/03/11, les premières manifestations d'opposants démocrates et laïques, qui ont lieu à Damas, mais surtout à Deraa, ville du sud, proche de la Jordanie, sont noyautées par des islamistes qui se livrent à des provocations (renversement d'une statue d'Hafez, le père du Président, assassinat d'alaouites à Jisr el-Chorour). Le 30/03/11, Bachar el-Assad ferme la porte aux réformes. La presse panarabe (Al Quds al-Arabi, Al-Hayat) financée par l'Arabie Saoudite exagère grandement l'ampleur des mouvements. La minorité alaouite qui détient le pouvoir politique et économique depuis 1971 décide de sauver le régime, quel qu'en soit le prix en termes de répression. Les pays du Golfe qui voient, eux, dans la contestation démocratique une opportunité pour remplacer un pouvoir dont l'alignement sur l'Iran est en passe de créer un 'axe chiite' Yémen-Iran-Irak-Syrie-Liban sud sous contrôle du Hezbollah et financent les milices islamistes sunnites. Sur amplifié par les médias, la vague de contestation semble devoir submerger la dictature des Assad mais le régime fera montre d'une résilience largement sous-évaluer par les chancelleries et les média. Les opposants démocrates vont se faire confisquer leur Printemps syrien par la lutte à mort du gouvernement alaouite et des milices islamistes.

17/03/11 Se fondant sur la résolution 1973 de l'ONU, Une coalition américano-anglo-française vole au secours de la rébellion démocratique au régime d'Anouar Kadhafi qui est lynché le 20/10/11. L'opposition syrienne rêve de la reproduction de ce scénario en Syrie.

2/5/11 Ben Laden est assassiné par un commando de SEAL américains. Ayman al-Zaouahiri lui succède. Les capacités opérationnelles d'Al-Qaïda annihilées en Afghanistan, l'organisation va rechercher des relais d'action au Pakistan, en Irak et au Yémen notamment mais le prestige de son successeur est moindre.

31/05/11 Bachar al-Assad libère de la prison militaire de Sadnaya des centaines de détenus djihadistes syriens et irakiens, emprisonnés à leur retour d'Irak où ils avaient combattu l'armée d'occupation américaine, infiltrés alors le soutien de la Syrie, dont Mohammed al-Joulânî qui lancera Jabhat Al-Nosra en février 2012 en Irak, groupe qui s'affiliera à Al-Qaïda et Abou Mousaad al-Souri le théoricien du djihad global ou encore Zahran Alouch fondateur de Jaysh al-Islam cf. chap. 12. Ces détenus formeront les cadres des milices islamistes. Le régime alaouite prit ainsi le risque, calculé, de peupler les milices islamistes pour en faire un repoussoir, instrumentalisant une alternative 'moi ou le chaos' vers les chancelleries occidentales, justifiant une répression armée sans pitié des forces rebelles démocratiques tout en ménageant les milices islamistes.

29/7/11 Création de l'Armée Syrienne Libre (ASL), le bras armé de la contestation démocrate, par des déserteurs syriens. L'ASL, prise entre le marteau du régime alaouite et l'enclume des milices islamistes, est décimée dés 2012. cf. chap. 11

18/08/11 Le Président Nicolas Sarkozy demande, conjointement avec le Premier ministre britannique David Cameron et la Chancelière allemande

Angela Merkel, à Bachar el-Assad de quitter le pouvoir et de mettre fin à toute violence.

2011-2014 Les monarchies pétrolières du Golfe arabo-persique financèrent les milices sunnites dans l'espoir d'installer un pouvoir sunnite à Damas en remplacement d'al Assad et de contrecarrer le projet iranien d'axe chiite. Le Qatar et l'Arabie Saoudite se font concurrence dans le rôle de parrains des diverses factions. Seule l'extension du djihad islamiste à leur propre territoire et au Yemen ainsi que la pression des alliés occidentaux conduira ces monarchies à cesser, au moins officiellement, leur soutien aux mouvements islamistes sunnites.

Fin 2011, le retrait précipité des troupes américaines d'Irak crée un vide sécuritaire dans un pays en guerre civile larvée

Elu le 4/08/08, Barak Obama accélère, conformément à ses engagements de campagne, la sortie des troupes américaines d'Irak dans le cadre des accords SOFA du 17/11/08. Ce départ crée un vide sécuritaire compte tenu de l'insuffisante capacité des armées et de la police irakienne à faire face à la dissidence de la minorité sunnite opprimée par le gouvernement chiite de Bagdad, dissidence instrumentalisée par les organisations islamistes. Le dernier G.I. quitte l'Irak le 1/12/11.

2012 Le devoir d'ingérence empêché

Les pays occidentaux, croyant à tort à un renversement proche du gouvernement syrien par l'opposition démocrate, sous-estimant l'émergence des milices islamistes, condamnèrent fortement la violente répression des opposants et les massacres de civils mais voulurent placer une intervention militaire sous chapitre VII des Nations-Unis. Le veto conjoint de la Russie et de la Chine aux propositions de résolutions françaises et américaines en ce sens présentées en 2012 et l'absence de soutien militaire occidental à l'ASL laissèrent le champ libre aux exactions du régime et des organisations islamistes, confessionnalisant la guerre civile à outrance.

17/12/12 Laurent Fabius, ministre des affaires étrangères, au sortir de la visite d'un camp de réfugiés syriens, déclare : *«Conscient de la force de mes propos...le régime syrien doit être abattu et*

2012 Les défections de dirigeants syriens font croire au délitement du régime

2/03/12 La France ferme, au regret de l'opposition démocrate son ambassade en Syrie, se coupant d'une précieuse information de terrain.

Le Premier ministre syrien Riad Hijab rejoint 6/08/12 la rébellion démocratique en dénonçant des "crimes de guerre et de génocide du régime meurtrier et terroriste ". Les défections de dirigeants, ambassadeurs et généraux syriens (Manaf Tlass) entre 2011 et 2012 accrédite, dans les chancelleries et les média, la théorie de l'effondrement prochain du régime mais la capacité de résilience a été gravement sous-évaluée.

2012 Le schisme au sein d'Al-Qaïda

2004-2010 D'AQI à l'Etat islamique
Abou Moussab Al-Zarqaoui chef d'un gang islamiste irakien, est désigné comme ennemi n° 1 désigné par l'armée d'occupation américaine, il y gagne la franchise d'Al-Qaïda en Irak (AQI) qu'il

dirige de 2004 jusqu'à sa mort en 2007. Abou Hamza al-Mouhajer lui succède jusqu'à sa mort en 2010. Les miliciens d'AQI rejoignent alors l'Etat islamique, rallié à Al-Qaïda, fondé et dirigé par Abu Abdullah al-Rashid al-Baghdadi, qui est également tué en 2010. Awad Ibrahim Ali Al-Badri, le futur Calife autoproclamé en 2014, sous le nom d'emprunt d'Abou Bakr al-Baghdadi, lui succède alors. Al-Badri vient d'être libéré le 30/06/09 de la prison américaine de Buca, avec plusieurs dizaines de détenus islamistes et baasistes qui formeront l'encadrement du futur Etat islamique d'Irak et au Levant (EIIL).

1/12/12 Le groupe islamiste syrien Al-Nosra, fondé et dirigé par Abou Mohammed Al-Jolani fait allégeance à Al-Qaïda.

2012 L'EII étend ses actions à la Syrie et prend le nom d'Etat Islamique en Irak et au Levant (EIIL). Cette décision d'Al-Badri d'unifier le combat de l'Irak à la Syrie, est prise sans concertation avec le chef d'Al-Qaïda, al-Zaouahiri, qui tente, en vain, de le faire rentrer dans le rang. La rupture sera consommée par la tentative d'annexion par Al-Badri des milices d'Al-Nosra dirigées par al-Joulani qui réitère son affiliation à Al-Qaïda. Les deux milices vont devenir concurrentes au point de s'affronter les armes à la main pour le contrôle d'Al-Busayrah, près de Deir ez-Zor en mai 2014. Al-Qaïda rejette le tafrikisme (excommunication) de l'EIIL qui sème la fitna (discorde).

Egypte

12/2/11 Chute du régime dirigé par Hosni Moubarak qui est condamné à la prison à vie en 06/12 et remplacé par un gouvernement islamiste sous influence des Frères musulmans
30/6/12 Investiture de Mohamed Morsi Président élu
3/7/13 Manifestations populaires. Putsch militaire conduit par le général Abdel Fattah al-Sissi.
08/13 Moubarak est libéré conditionnellement
8/6/14 Al Sissi est élu Président d'Egypte. Le nouveau régime réprime massivement les Frères musulmans.
16/5/15 Morsi est condamné à mort.
Le coup d'Etat égyptien restaurant un gouvernement conservateur a été activement soutenu par l'Arabie saoudite. Il rompt l'axe islamiste Turquie-Egypte et rassure Israël.

31/8/13 Le pas de clerc de Barak Obama empêche une frappe occidentale sur l'armée syrienne

Les frappes au gaz sarin de l'armée syrienne sur les populations civiles le 1/8/13 marque le franchissement de la ligne rouge publiée par Barak Obama en août 2012.

Les Etats-Unis, la Grande-Bretagne et la France préparent des frappes aériennes sur les forces syriennes pour la nuit du 31/8/13. Au tout dernier moment, les Etats-Unis procrastinent et décident de soutenir le plan de destruction de l'arsenal chimique proposé par l'allié russe du régime syrien. Ce renoncement et le refus des pays occidentaux de fournir des missiles sol-air à l'ASL abandonnent les populations civiles aux frappes conventionnelles et non conventionnelles de l'armée syrienne; il procure à Daech une arme nouvelle : le recrutement 'humanitaire' de jeunes occidentaux bouleversés par la diffusion de photos d'enfants gazés.

Les grandes dates du conflit en Irak et en Syrie

<u>2013-2014 Une conquête apparemment irrésistible de l'EI</u>

L'expansion des milices de l'EI à partir de 2013 semble irrésistible
2013
1er mars : Prise de Racca en Irak par Al-Nosra
1er décembre : l'EI chasse les autres groupes islamistes de Racca (Irak) et de Deir ez-Zor (Syrie)
2014
1er janvier : prise de Fallouja (Irak) par l'EI
4 janvier : prise de Ramadi (Irak) par l'EI
10 juin : prise du Jabal Sinjar irakien et de la ville de Mossoul (Irak) par l'EI
29 juin : proclamation à Mossoul du Califat par Abou Bakr al Baghdadi
2015
21 mai : prise de Palmyre par l'EI

<u>2015 : Le début du reflux</u>

Syrie
L'échec de l'EI devant Kobané fin 2014 face aux peshmergas kurdes marque la fin de l'invincibilité supposée de l'Etat islamique.
L'expansion territoriale d'EI est freinée par les bombardements aériens américains renforcées à partir de septembre par la France puis la Russie et au sol par la contre-offensive de l'armée loyaliste renforcée de miliciens du Hezbollah libanais

encadrés par les brigades Al-Qods iraniennes et de conseillers russes.

Irak

En Irak, l'armée loyaliste, renforcée de miliciens de la force Al-Qods iranienne et des miliciens du Hezbollah, et appuyée par les bombardements de la coalition occidentale reprend également, fin 2015, l'initiative. La reprise de Ramadi en décembre est une victoire symbolique mais la reconquête de la province de l'Anbar est compliquée par des dissensions au sein du gouvernement irakien sur la gouvernance des milices chiites du Hash'd al-Sha'bi.

2016

Janvier La reconquête de territoires est engagée en Syrie et en Irak tandis que les pays, parties au conflit, engagent les négociations sous l'égide de l'ONU pour la recherche d'une solution politique de sortie de crise.

L'encerclement d'Alep, capitale économique de la Syrie, aux mains des rebelles et des islamistes depuis 2012 est 'préparée' par un pilonnage massif de l'aviation russe. Le cessez-le-feu décidé par russes et américains le 12/2/16 ne fait pas obstacle à l'offensive russo-syrienne qui provoque la fuite de dizaines de milliers de civils vers la Turquie. Turquie et Arabie saoudite menacent d'intervenir sur le sol.

2013-... L'entente cordiale de la France avec les monarchies du Golfe

Après une froideur liée aux propos critique du candidat Hollande, le climat diplomatique entre la France et les monarchies du Golfe revient au beau fixe : visites officielles du président français le 22/06/13 au Qatar et le 2/05/15 en Arabie saoudite puis par une invitation, dont aucun dirigeant occidental n'a jusque là bénéficié, le 27/05/15 à assister au Conseil de coopération du Golfe. Cette entente cordiale se concrétise par des contrats majeurs de vente d'armement : vente de 24 avions Rafale à l'Egypte, en février 2015, puis au Qatar, en mai 2015.

2011-2015 Victimes civiles et crimes de guerre

Les organisations internationales et les ONG s'accordent à rendre le régime syrien responsable de l'essentiel des pertes civiles et de nombreux crimes de guerre. Les atrocités instrumentalisées par Daech et les crimes de guerre commis par les forces s'opposant au régime sont en termes d'ampleur moindres mais tout aussi inexcusables. La violence extrême de la guerre civile et la confessionnalisation sont orchestrés de conserve par le régime et les organisations islamistes.

Crimes de guerre commis par le régime syrien

Le Comité contre la torture de l'OHCHR a condamné l'usage de la torture par le gouvernement syrien cf. Observations finales (2012) CAT/C/SYR/CO/1/Add.2

L'usage de la torture sur une grande échelle par les services syriens est documenté par les photos de centaines de prisonniers morts de torture dont plusieurs dizaines ont été identifiés sur la base des photos prises par 'César' https://www.hrw.org/fr/news/2015/12/16/syrie-temoignages-sur-les-photos-des-detenus-tues L'ONU a condamné en février 2016 ces pratiques.

L'usage répété de gaz de guerre par l'armée syrienne sur les populations civiles est jugé attesté par les autorités françaises. Pour Laurent Fabius, le rapport de l'ONU du 21/08/13 "ne laisse aucun doute sur l'origine de l'attaque" par le régime syrien au gaz sarin, sur la population civile de la Ghouta (banlieue de Damas). D'autres attaques au gaz chlore en 2/05/15 ont été attribuées au régime. Le 13/9/13, le secrétaire général de l'ONU,

Ban Ki-moon, accuse le président syrien de «crimes contre l'humanité».

Handicap international a dénoncé l'usage d'armes à sous-munitions par les forces syriennes et russes
http://www.handicap-international.us/the_use_of_explosive_weapons_in_syria_a_time_bomb_in_the_making

<u>Crimes de guerre des groupes rebelles</u>
HRW a dénoncé l'usage occasionnel de civils comme boucliers humains par des groupes rebelles non islamistes.

<u>Crimes de guerre et persécutions commises par Daech</u>
Daech s'est livré à des massacres de civils et de militaires au mépris de toutes les conventions internationales, conduisant des purges ethniques contre certaines ethnies, notamment les Yezidis, mettant en esclavage 3500 personnes selon l'ONU, exécutant des otages.
L'usage de gaz moutarde par l'EI le 21/8/15 a été dénoncé par l'OIAC.
La destruction de patrimoine historique à Palmyre, Nimroud… a été qualifiée de crime par l'ONU et l'UNESCO.

<u>Condamnation par la France</u>
17/08/14 Laurent Fabius, au sortir de la visite d'un camp de réfugiés syriens : "Après avoir entendu les témoignages bouleversants des personnes ici, quand on entend ça et je suis conscient de la force de ce que je suis en train de dire : M. Bachar al-Assad ne mériterait pas d'être sur la terre"
5/12/14 Laurent Fabius, réagissant à une interview du Président Assad : «Quelqu'un qui a sur la conscience 200 000 morts de ses compatriotes et qui vient donner des leçons, c'est ignoble»
8/09/15 Le Président Hollande : "les crimes de Daech sont des crimes contre l'humanité', appelant les États de la région à adhérer au statut de Rome (Cour Pénale Internationale) pour faire juger les auteurs des crimes.

2014 L'internationalisation du conflit

Une coalition regroupant des pays occidentaux et arabes, sous leadership américain, se forme dés août 2014. L'essentiel de l'effort militaire est assuré par les Etats-Unis, la France engageant ses forces en Irak, à partir de septembre 2014, puis en Syrie, à compter de septembre 2015. A noter que les frappes aériennes de la coalition occidentalo-arabe sont engagées avec l'accord du gouvernement irakien qui assure la coordination avec l'Iran, tandis que les frappes en Syrie sont engagées sans l'accord et sans coordination avec le gouvernement syrien, la France invoquant la 'légitime défense'. La Russie entre en guerre en accord, elle, avec le gouvernement syrien, en septembre 2015. La Grande-Bretagne et l'Allemagne rejoignent la coalition occidentale en décembre 2015. L'Iran a engagé des combattants des forces Al Qods en Irak et en Syrie dès 2012. La Turquie qui avait adopté une posture ambigüe depuis le début de la guerre civile en ne faisant pas obstacle au flux de volontaires rejoignant les milices islamistes en Syrie et au trafic d'armes ainsi qu'à l'exportation de pétrole pillé par les milices, finit par accepter le passage de renforts de peshmergas irakiens vers Kobané malgré sa hantise de voir se constituer un Kurdistan syrien autonome et frappe l'EI qui a revendiqué les attentats de Suruç de 03/15 et Ankara du 10/10/15. cf. chap. 16 et 17

L'instauration d'un Califat

29/06/14 Al-Badri s'autoproclame Calife sous le nom d'Abou Bakr al-Baghdadi al-Husseini al-Qurashi d'al-Badri du haut du minbar de la moquée de Mossoul. Le califat affirme le rejet de la séparation nationale de l'Irak et de la Syrie organisée par l'accord Sykes-Picot de 1916. Le nouveau calife prétend incarner l'autorité religieuse et politique, par la filiation fictive de son nom al-Qurashi, la tribu du Prophète et affirme reprendre la filiation des califats instaurés au VIIe siècle à la mort du Prophète et jusqu'à l'abolition du califat ottoman en 1924.

25/03/15 L'extension au Yemen du conflit

Une coalition de pays arabes, formée par l'Arabie saoudite, entre en guerre au Yemen pour soutenir le régime du Président élu Hadi face à la menace des miliciens chiites Houtistes soutenus par l'Iran. A fin 2015, l'opération 'Tempête décisive' n'a pas remporté de succès significatifs dans un Yemen déstabilisé également par l'activisme d'AQPI et l'émergence de l'EI.

30/9/15 L'entrée en lice de la Russie

L'entrée en guerre de la Russie marque une étape majeure du conflit. La décision de la Russie d'intervenir, à la demande du gouvernement syrien, est prise après concertation étroite avec l'Iran pendant l'été 2015; elle vise à sanctuariser une Syrie 'utile' quitte à laisser un espace sous contrôle islamiste mais il y a urgence à figer les lignes du conflit. L'enjeu pour Russie est la conservation de ses facilités navales à Tartous, sa seule base sur la Méditerranée. En contrepartie, le régime signe le 20/1/16 un accord militaire pérennisant et renforçant la présence militaire russe en Syrie. L'absence de processus de concertation entre les aviations turques et russe conduit à la destruction d'un avion russe par la chasse turque le 27/11/15 qui provoque une grave crise diplomatique entre les deux pays. Fin 2015, la Russie s'est imposée comme partie prenante à tout règlement du conflit face aux Etats-Unis.

2015 - L'exportation de l'EI en Lybie

Affaiblie, mise sur le reculoir par les frappes aériennes des deux coalitions, l'EI souffle sur les braises non éteintes du djihadisme en Lybie, créant une zone de conflit autour de Syrthe, le fief historique de Kadhafi. 3 à 5000 miliciens islamistes seraient actifs à fin février. Les Etats-Unis et la France conduisent dés la fin 2015 des frappes ciblées (drones et bombardiers) sur des dirigeants (Abou Nabil) et des bases de l'EI.

2015 - ... Les attentats islamistes, représailles et provocation

Dès 2015, les pays entrés en guerre contre les mouvements islamistes en Irak et en Syrie sont frappés par des attentats. Ces attentats sont moins des représailles que des éléments de propagande au service du recrutement international de combattants. Ils participent de la volonté de Daech, comme les assassinats médiatisés d'otages occidentaux, à provoquer une intervention directe de soldats étrangers sur le sol de Cham, persuadée qu'est cette organisation, dans une vision eschatologique, que cela sera le début du combat final et l'annonce de la victoire des musulmans sur les Croisés. Ces attentats visent à provoquer une poussée de l'islamophobie dans les pays occidentaux touchés, poussée propice au prosélytisme islamiste et facteur de guerre civile chez les ennemis du Califat. Extrême droite xénophobe et islamisme radical djihadiste sont symbiotiques, chacun se nourrissant de la haine de l'autre. La crise migratoire des réfugiés fournit également du carburant au populisme des souverainistes européens. La France est le pays le plus durement touché.

Principaux attentats

(organisation ayant revendiqué l'attentat)

7/1/15 Charlie Hebdo et Hyper Cacher (AQPA)
13/11/15 Bataclan, terrasses de café et Stade de France (EI)
10/10/15 Ankara (EI)
31/10/15 Destruction d'un avion de ligne russe (EI)
31/12/15 Attentat au Daghestan (EI)
12/1/16 Istanbul (EI)
12/15 Les Etats-Unis, l'Australie, la Grande-Bretagne (EI)
14/1/16 Djakarta (EI)

Chiffres clés au 31/12/15

Pour la Syrie, l'ODSH a documenté, à fin 2015, la mort de 260.758 personnes, dont plus de 76.000 civils et 40.121 djihadistes dont 55.219 personnes (13.249 civils dont 2.574 enfants) pour la seule année 2015. source : http://www.syriahr.com/en/?p=41779
Les Nations Unies estiment que les guerres en Irak et Syrie ont fait plus de 100.000 morts en 2015

Févier 2016

La bataille d'Alep et le cessez-le feu
L'offensive pour la reconquête d'Alep, plus grande ville de Syrie et capitale économique, de l'armée syrienne, des milices du Hezbollah et des contingents iraniens, appuyée par des bombardements massifs de l'aviation russe qui font de nombreuses victimes civiles, est engagée en février 2016. Les gains territoriaux de l'YPG qui participe à l'encerclement de la ville conduit la Turquie à bombarder des positions kurdes.

Les Etats-Unis et la Russie conviennent d'un cessez-le-feu le 12 février 2016 que le Conseil de sécurité de l'ONU entérine par la résolution 2268 votée le 26 février. Ce cessez-le-feu laisse le champ à la poursuite des actions contre les mouvements islamistes Daech et Al-Nosra. Renouant avec un monde bipolaire, les Etats-Unis forcent la main à certains de leurs alliés, Turquie notamment et Arabie saoudite qui manifestaient des velléités de déploiement de forces terrestres, tandis que la Russie oblige son allié Bachar el-Assad à l'accepter sans réserves.

La reconquête de Racca et une offensive sur Mossoul sont en préparation menaçant les places-fortes de l'EI qui multiplie les attentats suicides en Irak et déploie des combattants en Lybie pour attiser un nouveau lieu d'affrontement avec les puissances occidentales.

Le déclin militaire de l'EI est en marche mais aucun stratège militaire ne se risque à annoncer un terme à la pacification de la Syrie et de l'Irak.

A fin janvier 2016, la guerre en Syrie a fait selon l'Observatoire syrien des droits de l'homme http://sn4hr.org/ plus de 200 000 morts civils, dont plus de 90 % attribués aux forces gouvernementales syriennes,122000 selon l'OSDH http://www.syriahr.com/en/?p=44437. On estime à environ dix millions le nombre de personnes déplacées par le conflit.

Christophe Stener

3 - Géographie de l'Irak et de la Syrie

L'Irak et la Syrie sont aujourd'hui deux pays en guerre, depuis 35 ans pour le premier (si l'on inclut la guerre Iran-Irak commencée en septembre 1980), depuis 5 ans pour le second ; en mars 2011 en Syrie, tous les indicateurs socio-économiques étaient au rouge (tensions sociales dues à la pauvreté, tensions territoriales entre le centre et les périphéries, tensions confessionnelles enfin). En Irak, la dictature de Saddam Hussein, les erreurs américaines lors de la deuxième guerre du Golfe, le délitement de la société irakienne et les luttes confessionnelles expliquent sans doute la situation actuelle.

Quelle peut être la géographie de ces pays en guerre ? Ces conflits s'inscrivent-ils dans la mondialisation ? Des questions essentielles qui relèvent autant de la géographie régionale que de l'analyse globale du monde contemporain.

I – Ressources et contraintes

A – Des potentialités pas toujours bien exploitées

L'Irak et la Syrie font partie du Croissant Fertile, héritiers directs des grandes civilisations de la Mésopotamie. La Syrie est une voie de passage importante entre le Golfe Persique et la

Méditerranée, l'Irak, entre le monde méditerranéen et indien.

D'une superficie de 185 000 km², la Syrie est délimitée au nord par les montagnes du Taurus et de l'Asie Mineure (Turquie), à l'ouest par la Méditerranée, au sud par les déserts arabiques et à l'est par la Mésopotamie ; le pays appartient au domaine méditerranéen dans sa partie occidentale mais au-delà des chaînes côtières, l'aridité débute rapidement, ce qui a des conséquences sur la répartition démographique et sur les activités économiques (voir carte).

L'Irak, 438 320 km², est bordé au nord par des montagnes et des steppes vallonnées s'élevant de 1000 à 4000 mètres d'altitude ; cette région aux fortes précipitations donc riche en eau, possède également d'importants champs pétrolifères (Mossoul, Kirkouk). Au sud-ouest et à l'ouest du pays, règne le désert qui couvre 2/5 du territoire. Enfin entre les deux, s'étend la Mésopotamie, plaine alluviale de l'Euphrate et du Tigre, qui est l'axe de peuplement et d'urbanisation majeur du pays. Grâce aux limons apportés par les deux fleuves, dont les débits sont régulés par des barrages, la zone est propice à l'agriculture (agrumes, réglisse, tomates, orge...) ; enfin au sud, la basse Mésopotamie, région marécageuse, est dominée par la ville de Bassorah et ses gisements pétroliers.

En résumé les deux pays qui ne disposent que de deux fenêtres côtières réduites (une cinquantaine de kilomètres pour l'Irak, plus d'une centaine pour la Syrie) sont traversés par d'immenses régions arides qui génèrent des contraintes (la question de l'eau ; des implantations humaines difficiles) et par des territoires au fort potentiel économique parfois mal exploités (la Mésopotamie et les hautes terres du Kurdistan pour l'Irak, la région littorale et quelques grandes villes comme Damas ou Alep pour la Syrie). A ces conditions naturelles parfois défavorables, se sont ajoutées des politiques agraires inadaptées : la production agricole s'en trouve dégradée, une irrigation souvent excessive provoque une salinisation des sols, une population paysanne fragilisée gagne les villes.

B – Syrie et Irak, deux pays en développement

1 – Une inégale répartition de la population

La population irakienne s'élève à 37 millions d'habitants pour 12 millions en 1977. Cette explosion démographique malgré la forte mortalité liée aux guerres et au blocus américain, s'explique par une population jeune (une irakienne sur 2 est âgée de 15 à 49 ans) à la fécondité élevée (autour de 4 enfants par femme).

En Syrie, au contraire la population a diminué ces dernières années pour atteindre 18 millions aujourd'hui. Ceci est dû, au-delà de l'augmentation de la mortalité, à un exode massif des populations fuyant les combats vers les pays voisins (Turquie, Jordanie, Liban) puis l'Europe. La Syrie a vu sa fécondité ralentir (8 enfants par femme dans les années 1980, 3,8 en 2000 et 3,5 en 2009), avec de fortes disparités régionales, ethniques et confessionnelles : la minorité alaouite au pouvoir (12 % de la population) qui réside essentiellement sur le littoral, fait peu d'enfants alors que la majorité sunnite (73 %) plus féconde et dans l'opposition depuis 2011, largement écartée des postes de l'administration et de l'armée, se concentre surtout dans les provinces de l'intérieur.

En Irak comme en Syrie, de vastes étendues inhabitées occupent une large partie du territoire. En Irak, la population se concentre surtout en Mésopotamie (Sunnites et Chiites) et dans les régions montagneuses du nord (Kurdes). L'exode rural est important : de l'ensemble du pays vers Bagdad, du Nord vers Mossoul et Kirkouk, de la basse Mésopotamie vers Bassorah... A elle seule la capitale concentre 1/4 de la population.

En Syrie, la population se concentre sur presque les 2/3 du territoire dont 60 % dans les villes. Les populations se déplacent ici aussi soit pour fuir les zones de combat, soit pour raison économique et tend à se regrouper dans les villes.

Ainsi, on assiste dans les deux cas à une

métropolisation des activités et des hommes qui explique l'explosion démographique des villes et la création en périphérie de celles-ci, de zones de paupérisation, foyers de révoltes éventuels.

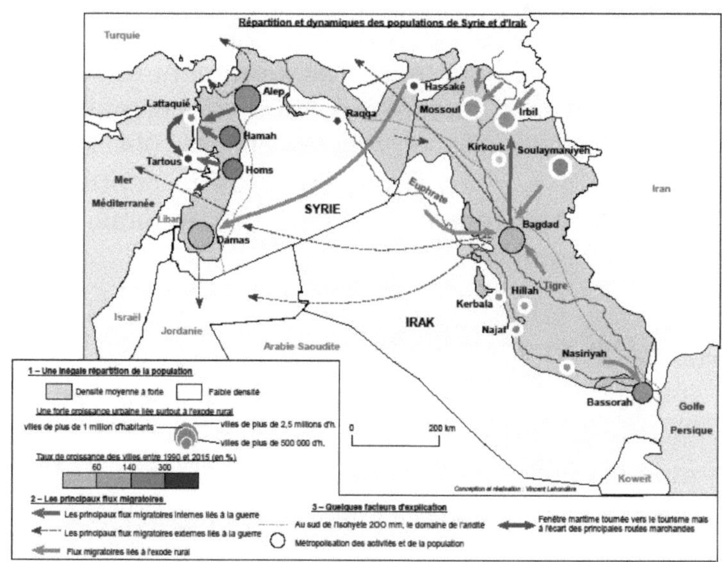

Carte réalisée par Vincent Lahondère

2 – Un mal-développement

Une économie fragile, des politiques économiques inadaptées, du clientélisme et une succession de guerre ont largement contribué au mal-développement des deux pays.

Les problèmes de développement sont notables comme le montrent des IDH très moyens : 0,654 pour l'Irak (121ème rang mondial) et 0,594 pour la Syrie (134ème) ; de plus sur la période 1982-2014, l'IDH des 2 pays n'a guère progressé. Ce mal-développement très largement renforcé par la guerre est présent à tous les niveaux : une mortalité infantile importante en Irak (44 ‰) et en Syrie (18 ‰) ; en Syrie, 80 % de la population vit dans la pauvreté et la moitié des enfants ne sont plus scolarisés.

II – Des économies en panne

L'eau pour l'agriculture notamment et les hydrocarbures sont deux enjeux essentiels d'autant que les autres activités économiques ne constituent pas une manne aussi importante.

A – Une eau rare et convoitée

Au Moyen-Orient, l'eau ne manque pas mais elle est très inégalement répartie car les zones arides et désertiques sont très vastes et très nombreuses. Les habitants ont donc dû aménager leur milieu naturel pour optimiser leurs ressources hydriques. L'eau est donc un enjeu majeur d'autant plus que les populations augmentent et les besoins liés au développement socio-économique aussi.

En 2014, les ressources en eau renouvelables étaient de 2584 m^3 par habitant en Irak, de 1012 m^3 seulement en Syrie (France : 3264) ; les experts estiment qu'à moins de 1700 m^3, il y a stress hydrique. De plus pendant la période 2010-2014, il est tombé 216 mm d'eau par m² et par an en Irak, et environ 170 mm pour la Syrie (816 mm pour la France). Aussi les deux pays restent largement dépendants des ressources de l'Euphrate et du Tigre pour alimenter leur population en eau.

1 – Syrie et Irak au bord de la rupture

En Syrie les précipitations sont inégalement réparties dans le temps et dans l'espace : seule la partie occidentale est bien arrosée ; par exemple les précipitations passent de 800 mm de moyenne à Lattaquié à seulement 300 mm d'eau à Alep, éloignée seulement de 150 km de la côte ; à Damas, la moyenne n'est que de 150 mm d'eau.

Depuis une quinzaine d'années, la Syrie connaît une sécheresse dramatique provoquant un exode rural ; la guerre civile depuis 2011 a aggravé la situation avec des destructions de nombreuses infrastructures liées à l'eau (adductions d'eau, canaux et pompes d'irrigation). A cette situation, s'ajoutent de mauvais choix économiques puisque le gouvernement de Bachar al-Assad a refusé de limiter les consommations d'eau liées à l'agriculture. Les exemples sont nombreux : développement de la culture du coton ou des agrumes dans le Nord-est qui demande beaucoup d'eau, augmentation du nombre de puits (135 000 en 1999, 230 000 en 2010) accélérant ainsi la baisse de niveau des nappes phréatiques. En Irak, sous Saddam Hussein, l'agriculture n'était pas une priorité et une modernisation des infrastructures d'irrigation n'a jamais vu le jour...

Certains observateurs pensent que le manque d'eau en Syrie serait à l'origine des révoltes de mars 2011 puisque celles-ci sont parties des zones les plus affectées par la sécheresse.

2 – L'importance de l'Euphrate et du Tigre : un enjeu régional majeur

La Syrie est traversée par l'Euphrate sur 675 kilomètres, l'Irak par l'Euphrate sur 1200 km et le Tigre sur 1418 km. Historiquement, l'usage des eaux des deux fleuves intéresse l'agriculture des deux pays contribuant à l'essor économique de la fertile plaine fluviale de Mésopotamie en Irak ou de la steppe syrienne.

Cependant ces deux fleuves prennent leur source en Turquie qui tire avantage de sa position en amont. A plusieurs reprises, l'ombre d'une guerre de l'eau a plané sur la région : dans les années 1960, la Turquie a commencé ses aménagements pour capter l'eau des deux fleuves, entraînant la protestation de la Syrie et de l'Irak ; lors de la décennie suivante, la tension monte entre les deux derniers lorsque la Syrie construit ses premiers barrages.

Mais la crise la plus grave débute à la fin des années 1980, lorsque la Turquie met en place le projet GAP (Güeydogu Anadolu Projesi) prévoyant la construction de 22 barrages sur les deux fleuves, afin de développer le Sud-est anatolien occupé par la minorité kurde. L'objectif des autorités turques était notamment de satisfaire les Kurdes modérés face au parti indépendantiste kurde (PKK). Des accords bilatéraux sont signés à propos de la répartition des eaux de l'Euphrate, entre la Turquie et la Syrie en juillet 1987 puis entre la Syrie et l'Irak en avril 1990. En revanche rien n'est signé entre l'Irak et la Turquie à propos du Tigre. La situation est aujourd'hui très précaire puisqu'il n'existe pas d'accords ou de conventions tripartites entre les 3 États d'autant que l'eau est une véritable arme de guerre.

En Syrie comme en Irak, les politiques de la famille Assad et de Saddam Hussein ont conduit à une surexploitation des ressources en eau et à un épuisement de nombreuses nappes phréatiques, accentuant ainsi la dépendance des populations aux barrages du Tigre et de l'Euphrate... L'État Islamique a d'ailleurs bien compris l'importance stratégique de contrôler les barrages du Tigre et de l'Euphrate et par voie de conséquences les villes qui y sont rattachées (Falloujah et Haditah en Irak,

Raqqua et Abou Kamal en Syrie...)

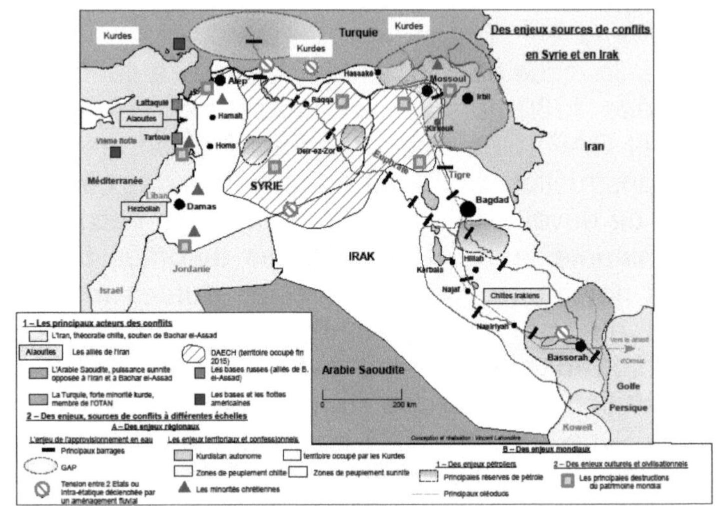

Carte réalisée par Vincent Lahondère

B – Le pétrole : une ressource essentielle

L'Irak est redevenu une puissance pétrolière avec une production de 3,3 millions de barils/jour et des réserves évaluées à plus de 144 milliards de barils (265 milliards pour l'Arabie saoudite et 157 milliards pour l'Iran). Il est l'un des pays les plus richement dotés du Moyen-Orient et le 8ème producteur mondial (Etats-Unis, premier avec 11,6 millions de barils/jour). Cependant, la production du pétrole en Irak dépend des aléas politiques : elle fut longtemps désorganisée par le conflit avec l'Iran, la première guerre du Golfe au Koweït, les sanctions de l'ONU puis l'invasion américaine (deuxième guerre du Golfe).

Les gisements les plus anciens sont localisés au pied du Taurus, notamment autour de Kirkouk et de Mossoul dans le Kurdistan. Mais même si cette région autonome ne produit pour l'instant que 10% du total extrait du sous-sol irakien, ces gisements intéressent les Kurdes car cette richesse serait un atout pour un futur état indépendant. C'est pourquoi, face à l'offensive des djihadistes, les peshmergas kurdes se sont portés aux avant-postes des combats pour empêcher toute annexion de l'outil pétrolier. De plus ils ont passé des accords avec plusieurs compagnies étrangères afin qu'elles explorent les gisements situés dans leur territoire.

Les plus récents et les plus importants gisements sont situés dans la région de Bassorah (90% de l'extraction) c'est à dire dans le Sud chiite. C'est là également que se trouve le plus gros terminal pétrolier du pays, par où passent 80% des exportations irakiennes. Et, conséquence logique, c'est là que le réseau de pipelines est le plus dense.

La Syrie contrairement à l'Irak est un petit producteur avec 19 millions de tonnes d'autant que les principaux gisements situés près de Deir ez-Zor sont actuellement sous contrôle de l'Etat islamique.

Conclusion

Les guerres, le jeu politique des grandes puissances, les multiples erreurs de ses dirigeants ont vu le développement économique de l'Irak et de la Syrie ralentir malgré de réelles potentialités : une population jeune, des ressources hydrologiques, pétrolières et culturelles... pour l'Irak ; des ressources agricoles, culturelles et touristiques pour la Syrie. Reste une question essentielle : la guerre jusqu'à quand ?

Vincent Lahondère

4 - Enjeux géoéconomiques au Moyen Orient

Un examen complet de la situation de l'ensemble de la région du Moyen Orient serait difficile à mener, tant les conditions sont diverses, du fait de la répartition des ressources, des contraintes du milieu physique, de la pression humaine, des écarts de richesse, sans oublier les orientations politiques. Malgré tout, deux éléments attirent l'attention, susceptibles d'être à l'origine de tensions importantes : l'eau et le pétrole. Du fait des difficultés liées à leur gestion, notamment en ce qui concerne la raréfaction des hydrocarbures, il conviendra de s'intéresser aux principaux facteurs d'évolution vers un autre type d'économie, tel qu'on le voit se dessiner dans certains points du Moyen Orient.

L'eau, un enjeu géopolitique important

Compte tenu des conditions physiques du Moyen Orient, l'eau apparaît comme un bien très précieux. De tout temps, elle a fait l'objet d'une gestion des plus parcimonieuses, tant sa maîtrise était un principe essentiel à la vie. Mais son partage est désormais au centre de conflits d'intérêt importants.

La Turquie se place au cœur de ces problèmes, car elle a les moyens de contrôler le débit des grands fleuves que sont le Tigre et l'Euphrate qui naissent dans les monts du Taurus, où un plan très ambitieux a été développé : le GAP (projet de l'Anatolie du Sud-est). Les investissements sont considérables : environ 32 milliards de dollars. Le projet consiste à créer vingt deux ouvrages, dont dix ont été bâtis. À terme, la région devrait être dotée de dix-neuf usines hydroélectriques, d'une capacité de 7 476 MW, produisant 27 milliards de kWh, soit environ 20 % de la consommation turque. Ce plan énergétique se double d'un volet agricole : le projet est en effet d'irriguer une surface équivalente à près de deux millions d'hectares. En outre, la région doit être beaucoup mieux reliée au reste du pays, par un renforcement du réseau de circulation terrestre et aérien, ce qui doit assurer un meilleur développement et également un rééquilibrage par rapport à l'ouest du pays.

La Turquie, qui fait désormais partie des sept puissances émergentes mondiales, cherche à la fois à assurer sa croissance économique tout en diminuant sa dépendance énergétique, ou, au moins, en essayant d'en diversifier les sources d'approvisionnement. 92 % de son pétrole est importé, notamment d'Iran ; 98 % de son gaz l'est de Russie. Ne disposant pas d'hydrocarbures, la seule ressource qu'elle peut valoriser est l'eau.

Les effets du GAP sur la production agricole sont parfois spectaculaires. La région du Sud-est fournissait 23 % des vesces en grain en 2005 (536 tonnes) ; désormais, sa part est de près de 70 % (en 2013), avec 3 400 tonnes. Le maïs s'est fortement développé : de 410 000 tonnes (à peine 10 % du total national), il s'en produit aujourd'hui quatre fois plus (plus du quart du total). En revanche, la progression de plantes industrielles est plus médiocre : même si le Sud-est est maintenant la première région pour le coton, sa production n'a gagné que 200 000 tonnes environ, passant de 52 à 58 % du total. Il n'empêche que cette région a renforcé son poids dans la constitution de la richesse de la Turquie.

Mais il existe un revers à la médaille, qu'avait souligné un rapport de la Banque mondiale qui avait sollicité pour le financement de l'opération, et contre quoi s'est mobilisée une partie de l'opinion publique. Le Sud-est de la Turquie est kurde : la mainmise sur cette région a d'abord exigé une stabilisation politique de la région, et donc que soient réduites les velléités indépendantistes par un effort militaire important.

Les dégâts sont également culturels et humains. Les vestiges antiques de la ville d'Hasankeyf sont ainsi menacés d'engloutissement, comme a été détruite la cité antique de Zeugma (constituée d'Apamée et de Séleucie, de part et d'autre de l'Euphrate) tandis que des dizaines de milliers de Kurdes ont dû être déplacés.

Les aspects négatifs se mesurent également au niveau environnemental. Le bilan carbone lié à la construction des barrages est très négatif. La décomposition des matières organiques retenues a amplifié les émissions de gaz à effet de serre, que ce soit le méthane, le protoxyde d'azote ou le dioxyde de carbone. Outre ces éléments, la rétention des alluvions charriés par les fleuves provoquent un appauvrissement des terres en aval, tandis qu'une mauvaise gestion de l'irrigation conduit à une salinisation. Les victimes les plus touchées sont les populations de Syrie et surtout d'Irak. À la confluence du Tigre et de l'Euphrate et sillonnés par le Chatt-el-Arab, les marais de la Basse Mésopotamie s'assèchent considérablement. Confrontées à une sécheresse récurrente (en sus des conditions politiques désastreuses), les populations voient leur situation se dégrader fortement.

On perçoit mieux alors le pouvoir qu'a la Turquie de contrôler l'eau et donc de peser sur la destinée des pays en aval : on estime que le débit des deux grands fleuves s'est amoindri de plus de 20 km3. Le barrage Ilisu, qui est en cours de construction sur le Tigre, devrait faire baisser le débit du fleuve d'un quart à son entrée en Irak. La situation n'est pas nouvelle : la Syrie et l'Irak réclament un statut international pour l'eau depuis 80 ans. En 2012, les représentants des marais mésopotamiens se sont déplacés en Turquie pour protester. Ils ont rédigé une déclaration du Tigre, en demandant instamment à l'ONU d'examiner la question.

Une trentaine d'accords ont été signés depuis les années 1980, comme celui qui a été conclu lors du 5ᵉ Forum mondial de l'eau, tenu à Istanbul en mars 2009. Le protocole de Damas a ainsi prévu un débit de l'ordre de 500 m3/s à l'entrée de l'Euphrate en Syrie, qui a été à peu près bien respecté. Mais il est tentant d'agir sur le débit du Tigre pour faire pression sur le Kurdistan irakien.

Sans oublier les impératifs environnementaux, on voit qu'il est difficile de concilier les ambitions de développement économique turc avec les intérêts des voisins en aval. L'eau est devenue une arme, dont l'efficacité va s'accentuer avec la diminution de la pluviométrie et l'aboutissement du GAP http://www.gap.gov.tr/en/, tout comme l'est le pétrole.

Les hydrocarbures : une rente qui s'amenuise

L'exploitation des ressources pétrolières du Moyen Orient depuis un siècle a créée une rente de situation assez confortable, dont profitent pleinement aujourd'hui l'Arabie saoudite, les Émirats arabes unis, le Koweït. L'Iran, qui sort des sanctions internationales, et l'Irak, confronté à une grave instabilité politique depuis une vingtaine d'années, peinent à profiter de leurs ressources.

Le Moyen Orient concentre les deux tiers des réserves mondiales de pétrole. À elle seule, l'Arabie saoudite en détient un quart, assurant près de 14 % de la production en 2014. Les Émirats et le Koweït en ont chacun 9 %, avec une production respective d'environ 4 % du total mondial. L'Irak possède 11 % des réserves mondiales et l'Iran 9 %, mais ces deux pays produisent peu : avec 3,7 %, le niveau du premier est toujours inférieur à ce qu'il était avant la première guerre du Golfe persique ; et l'Iran n'assure que 4 % de la production. Enfin, la moitié des réserves de gaz naturel se trouve au Moyen Orient, notamment en Iran et au Qatar.

Cependant, l'éventualité d'une diminution des ressources pétrolières devient de plus en plus perceptible : le « peak oil » (sur la base des réserves conventionnelles ou non, prenant en compte l'existant et ce qui a été exploité, ainsi que les réserves probables) est proche s'il n'a pas été déjà dépassé, selon que l'on se fie aux estimations des uns ou des autres. La compagnie Shell pense qu'il ne surviendra pas avant 2040. Mais en 2005, l'ASPO (Association for the Study of Peak Oil and Gas, indépendante) comme l'Institut français du pétrole l'avait placé en 2010 (ce qui s'est révélé faux) avec les moyens techniques de l'époque, ou en 2028 si des investissements importants étaient réalisés. En revanche, l'épuisement des réserves de gaz semble plus éloigné. L'exploitation des schistes bitumeux n'avaient pas encore pris son plein essor en Amérique du Nord, du fait d'une rentabilité limitée.

Malgré le relatif ralentissement actuel de la conjoncture économique chinoise, la consommation ne semble guère fléchir (sauf peut-être dans l'Union européenne, où progressent les énergies alternatives), encouragée par un prix du brut en baisse. Les dissensions entre les membres de l'OPEP n'augurent pas d'un renversement de la situation, d'autant que les États-Unis sont désormais redevenus les principaux producteurs mondiaux (un peu plus de 13 % du total mondial) et que l'offre de pétrole russe a aussi augmenté. Les cours du baril ont donc sérieusement chuté depuis l'été 2014 : divisés par trois, ils s'établissent aujourd'hui aux environs de 35 à 40 dollars. Si les États stables du Moyen Orient ont suffisamment de ressources pour faire face à d'éventuelles difficultés, l'Irak doit augmenter son volume de production pour compenser la baisse de ses revenus. Or le pays ne peut que difficilement relancer son effort, dont les bases de l'économie ont été ravagées par les conflits depuis une quinzaine d'années, mais une partie de ses puits septentrionaux lui échappent, passés aux mains de l'État islamique qui en fait la contrebande. L'Arabie saoudite joue enfin sur sa production pour affaiblir les revenus de l'Iran, qui a été autorisé à reprendre ses exportations.

Comme l'eau, le pétrole constituent un moyen de pression, à la différence qu'il s'agit de ressources non renouvelables et donc en voie d'épuisement. Que ce soit pour se développer à nouveau (en Irak et, dans une certaine mesure, en Iran), ou pérenniser la rente financière, mais sur d'autres bases que les hydrocarbures, le redéploiement économique des pays du Moyen Orient devient un impératif de plus en plus aigu. La manne pétrolière n'est pas éternelle.

Des stratégies d'avenir

L'une des principales voies explorées est celle de la diversification des ressources. On l'a vu avec la Turquie, mais cela n'est pas sans créer une instabilité avec les pays voisins, lesquels, il est vrai, n'ont pas les moyens de répliquer. L'Iran cherche à développer l'énergie nucléaire depuis très longtemps. Dans les années 1950, le pays s'était associé aux États-Unis pour élaborer les bases d'un programme atomique. En 1974, le shah envisageait de faire construire une vingtaine de centrales, avec les moyens nécessaires pour enrichir l'uranium et de retraiter le combustible utilisé : il s'agissait déjà d'épargner la ressource pétrolière en diversifiant les sources d'énergie dont le pays avait besoin pour se développer. La révolution islamiste a écarté ce projet, au moins pour un certain temps. Toutefois, des installations ont été réalisées, provoquant une inquiétude certaine au niveau international, fondée sur la crainte d'un développement d'armes atomiques. Le

14 juillet 2015, un accord a cependant été conclu à Vienne, qui permet à l'Iran de développer un programme nucléaire civil, sous contrôle, que l'AIEA (Agence internationale de l'énergie atomique) a validé à la mi-janvier 2016. Cet accord prévoit une levée progressive des sanctions à mesure des résultats des contrôles. De fait, les exportations de pétrole sont à nouveau autorisées : le 15 février 2016, un premier supertanker affrété par la compagnie Total est parti vers l'Europe.

Mais le nucléaire a besoin d'uranium, c'est-à-dire d'une ressource épuisable. Les Émirats arabes unis tablent plutôt sur le développement des énergies renouvelables, même si l'on assiste à un gaspillage croissant des ressources à l'instar d'exemples comme le Snowdome de Dubaï, ou les projets de stades fermés et climatisés que le Qatar projette de construire pour la coupe du monde de football de 2022. Dans ces conditions, Masdar City, la ville « verte » http://www.masdar.ae/ qui se développe depuis 2006 dans l'agglomération d'Abu Dhabi, peut passer comme un simple paravent cherchant vainement à camoufler la débauche d'énergie généralisée. Pourtant, le projet est envisagé par ses concepteurs comme un modèle : il s'agit de bâtir la première ville bioclimatique sans rejets ni déchets (totalement recyclés), sans voitures, autonome tant du point de vue de la production énergétique renouvelable que de l'alimentation, etc. La volonté du sultan Al Jaber est de faire émerger la « Silicon Valley des ressources renouvelables », la vitrine de Masdar devant attirer chercheurs et entreprises innovantes. Le WWF (Fonds mondial pour la nature) a donné son soutien au projet, d'un coût de 15 milliards de dollars (deux fois moins que le projet GAP) : il s'agit d'un encouragement important à une prise de conscience suivie d'initiatives concrètes, car Abu Dhabi a aujourd'hui l'empreinte carbone la plus élevée au monde. Quoi qu'il en soit, Sham 1, la plus grande centrale solaire du monde existe depuis 2013 : elle doit atteindre une puissance de 100 MW, soit 7 % de l'électricité d'Abu Dhabi. Dubaï projette de développer un parc qui aurait une puissance dix fois supérieure. C'est là que doit se tenir la prochaine exposition universelle, en 2020.

Plus grand émetteur de gaz carbonique au monde (rapporté au nombre d'habitants), le Qatar est aujourd'hui réputé pour ses investissements très diversifiés. Le fonds souverain du pays, Qatar Investment Authority (QIA) serait le 9 e au monde, avec des actifs de l'ordre de 225 milliards d'euros ; celui des Émirats arabes unis serait le deuxième (773 milliards d'euros). QIA investit dans les pays développés aussi bien que dans les pays les moins avancés, mais évidemment pas pour les mêmes motifs. Il a ainsi acheté des clubs de sport comme le FC Barcelone ou le Paris-Saint-Germain. Il est présent dans le capital de l'industrie du luxe (LVMH), de l'automobile (Volkswagen, Fisker Automotive), dans les finances (Banque commerciale et industrielle de Chine, Spanish Banks, Deutsche Bank, London Stock Exchange), l'immobilier (Canary Wharf), l'énergie, le tourisme, etc. Le pays a également créé de toutes pièces une compagnie aérienne, la Qatar Airways, largement subventionnée, qui concurrence sévèrement les compagnes établies. Le secteur des médias est également investi, avec la création en 1996 de la chaîne de télévision satellitaire Al Jazeera, qui émet dans différentes langues dont l'anglais. Le Qatar achète également des terres agricoles en Australie, au Soudan, au Kenya, au Pakistan, etc. : au-delà de son propre approvisionnement alimentaire, il s'agit surtout d'assurer un contrôle de la production agricole.

Le Moyen Orient se caractérise par une diversité de situations économiques assez importante, avec des contraintes et des atouts spécifiques. L'Irak est confronté à des difficultés considérables, dont on ne voit pas bien comment elles pourront être surmontées. En revanche, les pays les plus stables semblent être entrés dans une phase de transition. Même si l'énergie y est consommée jusqu'à l'absurde, il semble qu'ils aient pris conscience de la fin imminente de la manne constituée par les hydrocarbures (ou, au moins, du pétrole). On peut alors se demander si cela peut signifier une meilleure gestion des ressources, qu'elles soient renouvelables ou non, et si l'eau sera mieux partagée. Quoi qu'il en soit, on a probablement là une des clés de la stabilisation politique du Moyen Orient.

Frédéric Stévenot

5 - L'Irak 1979 - 2015

Introduction

L'Irak depuis 1979, a connu deux grandes phases : D'abord, le règne du sunnite Saddam Hussein de 1979 à 2003, marqué par 3 guerres : la guerre Iran-Irak de 1980 à 1988, la Guerre du Golfe de 1990/1991 et la guerre d'Irak en 2003/2006. Puis l'arrivée au pouvoir des gouvernements chiites de 2004 à 2015, soutenus par l'Iran, persécutant certains sunnites qui créent l'Etat Islamique dès 2006.

Composition de la population irakienne :
Les Chiites sont 60%. Ils composent la majorité de la population, mais ne tiennent pas le pouvoir de 1979 à 2004.

Les Minorités sont 40% mais divisés en 3 composantes.
Les Sunnites sont 16%. (c'est la communauté de Saddam Hussein).
Les Kurdes sont 21%. (ils gênent les Turcs en voulant devenir autonomes).
Les Chrétiens sont 3%. (dont le vice premier ministre Tarek Aziz)

Saddam Hussein du 16/07/79 à décembre 2003

Dictateur avec un parti unique, le Baas laïc et rassemblant chrétiens et sunnites.

Saddam Hussein massacre dans le sang toute opposition, comme les Kurdes à Halabja en mars 1988, répression qui fait environ 7.000 morts.

Il fait la guerre au grand pays voisin, l'Iran chiite de l'Ayatollah Khomeini entre septembre 1980 et août 1988. La guerre fera entre 500 000 et 1 million de morts, dont au moins 200.000 irakiens.

Saddam Hussein envahit le Koweït le 2 Août 1990, mais lâché par l'U.R.S.S. de Gorbatchev, et attaqué par les Etats-Unis, de George Bush Senior, l'Irak s'effondre en février 1991. C'est la guerre du Golfe (Gulf War One pour les Américains). Cette guerre est soutenue par 190 pays sur 195, et se fait sous drapeau O.N.U avec des casques bleus. Seuls le Soudan, le Yémen, la Palestine, Cuba et l'Irak condamnent la guerre. Saddam Hussein est donc très isolé !

En mars 2003, l'Irak est envahi par les Etats-Unis de George Bush Junior. C'est la guerre d'Irak (Gulf War Two pour les Etats-Unis). Cette fois, France, Allemagne, Canada, Inde, Brésil, Chine et Russie sont contre la guerre. Les Etats-Unis la déclarent donc sans le soutien de l'O.N.U. Leurs alliés principaux sont le Royaume-Uni, l'Italie, l'Espagne et des pays d'Europe de l'est comme la Pologne et la Hongrie. Les Kurdes irakiens profitent alors de la zone d'exclusion aérienne pour obtenir une autonomie de fait, ce qui irrite au plus haut point le gouvernement turc hostile à toute création d'un Kurdistan.

Le 1er Mai 2003, l'Irak s'effondre militairement...
Le 15/12 2003 Saddam Hussein est capturé.
Le 30/12 2006 Saddam Hussein est exécuté.

Conclusion sur la période Saddam Hussein (1979-2003)

Les Etats-Unis ont fait tomber Saddam Hussein, ils ont gagné la guerre mais ils ont très mal prévus l'après-guerre. La chute de Saddam Hussein devait amener la démocratie dans le monde arabe et affaiblir le terrorisme, elle a eu les conséquences contraires : une démocratie affaiblie et ethnique; et un terrorisme renforcé. Elle amène aussi une guerre civile et de religion entre chiites et sunnites. L'Iran est le grand gagnant géopolitique, il se débarrasse de son ennemi Saddam Hussein, il parraine le nouveau gouvernement irakien et peut alors créer un arc chiite entre Liban, Syrie, Irak et

Iran. Les sunnites irakiens sont les grands perdants : écartés de l'armée, du pouvoir et de l'administration, ils seront amenés à créer l'Etat Islamique en 2006, dont les cadres sont ceux de l'ancien état major de Saddam Hussein.

Gouvernements chiites de juin 2004 à janvier 2014

Les élections se font sur des bases ethniques : en janvier 2005 le candidat chiite Al Jaafari recueille 48.2% des voix; le deuxième candidat chiite Allaoui 13.8% et le candidat kurde Talabani 25.7%. Par contre il y a beaucoup d'abstention chez les sunnites. Par exemple dans la province sunnite d'Al Anbar, la participation est de 2% (moyenne nationale, participation à 59%). 8,5 millions d'irakiens ont voté.

En décembre 2005, le candidat chiite Al Jaafari fait 41.2% et le candidat kurde Talabani 21.7%. Le candidat sunnite issu du mouvement des Frères Musulmans fait 15.1%. Le taux de participation augmente à 79.6%. 12,4 millions d'irakiens ont voté.

Après deux gouvernements qui durent une année : Iyad Allaoui juin 2004 à mai 2005; et Al Jaafari de mai 2005 à mai 2006, un leader chiite devient premier ministre pour 8 ans et 3 mois, c'est Al Maliki de mai 2006 à septembre 2014.

En janvier 2009 140.000 militaires américains sont en Irak. Au 1er septembre 2010, il ne reste que 50.000 soldats américains en Irak. Obama a une nouvelle priorité : l'Afghanistan et le Pakistan... Le 2/05 2011, Obama fait tuer Ben Laden au Pakistan.

Le 18/12 2011, Obama termine le retrait total des troupes américaines en Irak.

Le bilan humain de la guerre est de 4489 soldats américains tués et 179 soldats britanniques tués.

Essor de l'Etat islamique en Irak de janvier 2014 à décembre 2015

En janvier 2014, la ville de Falloudja tombe aux mains de l'Etat islamique. L'opinion publique mondiale ne se rend pas encore compte de la gravité de la situation (il lui faudra six mois de plus). En juin 2014, Maliki doit faire face à l'attaque des bandes armées de l'Etat islamique à laquelle les troupes gouvernementales sont incapables de faire face dans un premier temps.

Le 10/06/14, l'Etat islamique prend Mossoul et le 29/06 proclame le califat, avec à sa tête un irakien Al Baghdadi.

La conduite passée de Maliki vis-à-vis de la communauté sunnite est critiquée par plusieurs observateurs étrangers, qui y voient la raison du ralliement de chefs sunnites à l'organisation armée djihadiste, l'Etat islamique. Les Etats-Unis lâchent Maliki et poussent à sa démission...

La démission de Maliki est bien accueillie par les sunnites qui lui reprochaient sa politique sectaire. Dès le 15 août 2014, avant même la formation du nouveau gouvernement, le 8/09 2014, les chefs des tribus sunnites rebelles de la province d'Anbar se déclarent prêts à coopérer sous conditions avec son successeur Haïder al-Abadi.

L'armée irakienne reprend Tikrit à l'Etat islamique le 31/03 2015. C'est sa première victoire militaire d'envergure depuis juin 2014.

Les Kurdes reprennent la ville clé de Sinjar le 13/11 2015. Elle est sur la route entre Raqqa et Mossoul. C'est la deuxième grave défaite de l'Etat Islamique en Irak.

Du 22/12 au 26/12/15, l'armée irakienne reprend Ramadi à l'Etat Islamique en combattant des snipers et des pièges explosifs. C'est la troisième défaite de l'EI.

Conclusion sur la période 2004-2015

Après 2003, l'Irak est devenu un Etat instable et une zone grise de la planète. La guerre entre l'armée et les milices chiites, soutenues par l'Iran, le Hezbollah libanais et la Russie; et les combattants de l'Etat islamique soutenus par les puissances sunnites comme la Turquie, l'Arabie Saoudite et le Qatar fait de ce pays le « maillon fort » de l'arc chiite car il repose sur 60% de la population.

Marc de Velder

16 - La Syrie 1971- 2015

Introduction : la Syrie de 1948 à 1971

Pendant les guerres israélo-arabes, la Syrie, fidèle alliée de l'U.R.S.S., a toujours été dans le camp du refus. Elle n'a d'ailleurs jamais signé la paix avec Israël, contrairement à l'Egypte en 1978-1979 et à la Jordanie en 1994. En juin 1967, la Syrie perd le plateau du Golan, annexé par Israël.
De 1971 à 2015 : deux dictateurs dominent : le père Hafez El Assad de 1971 à 2000 et le fils Bachar El Assad de 200 à 2015.

Composition de la population :
Les Sunnites sont 58%. Ils composent la majorité de la population, mais ne tiennent pas le pouvoir. Les Minorités sont 42% mais divisés en 4 composantes. Les Alaouites Chiites sont 15%. (c'est l'origine des Assad). Les Kurdes sont 15%. (ils gênent les Turcs). Les Chrétiens sont 8%. Enfin les Druzes sont 4%.

Hafez el Assad 12/03/71 au 10/06/2000

Au commencement de sa présidence, la Syrie joue un rôle majeur dans la guerre du Kippour en 1973. La guerre est présentée par le régime comme une importante victoire patriotique, quoique son bilan soit extrêmement nuancé. Après une faible avancée sur le plateau du Golan, l'armée syrienne connaît d'importantes pertes et doit reculer devant une contre-attaque israélienne. Toutefois, la Syrie regagne, in fine, des territoires sur le tracé de 1967, grâce aux négociations de paix, dirigées par Henry Kissinger. La volonté de reconquête de l'intégralité du plateau du Golan n'a pas cessé, par la suite, d'être un des axes centraux de la politique de Hafez el-Assad.

Dictateur qui massacre dans le sang toute opposition, comme les Frères Musulmans sunnites à Hama en février 1982, répression qui fait entre 10.000 et 30.000 morts. Hafez el-Assad hérite d'un régime dictatorial, établi durant de longues années d'un pouvoir militaire instable, puis réorganisé suivant la politique du parti unique du Baas. Non seulement, il ne rompt pas avec ce régime, mais il en accroît la dimension répressive, et s'efforce de contrôler chaque secteur de la société à travers un vaste appareil policier et de renseignement.

Le régime met également en place un culte de la personnalité, le décrivant comme un dirigeant juste, sage et puissant de la Syrie et du monde arabe en général. À la manière soviétique, ce culte se traduit par un vaste système de propagande fait notamment d'affichages de son effigie, d'érections de statues, de discours publics glorificateurs. Son fils Bassel appelé à lui succéder, fait, plus tard, l'objet d'un culte semblable mais il trouve la mort dans un accident de voiture le 21 janvier 1994. Cet accident contraint Assad à changer ses plans. C'est son autre fils, Bachar qui lui succède à la présidence syrienne après sa mort en juin 2000. Jacques Chirac est le seul chef d'État occidental à se rendre à ses funérailles. Hafez El Assad réussit à imposer une pax syriana au petit pays voisin, le Liban qui devient un protectorat syrien entre 1975 et 2005. De 1975, début de la guerre du Liban, à 1982, invasion militaire par Israël du Liban, jusqu'à avril 2005, pendant 30 ans les soldats syriens occupent le Liban, ils y auront environ 12.000 morts. En mars 1989, il y a 33.000 soldats syriens au Liban. En septembre 2004, il en reste 17.000.

Un exemple de la mainmise des syriens sur le Liban : le 16/03 1977, Kamal Joumblatt, leader druze libanais, est assassiné à cent mètres d'un point de contrôle syrien, vraisemblablement sur ordre de la Syrie. Les soupçons se portent principalement sur le Baas, parti des Assad. Son fils Walid Joumblatt prend alors sa place. En 2005, Walid Joumblatt accuse les services secrets syriens d'avoir assassiné son père après près de trente années d'alliance contrainte avec eux.

Bachar el Assad Juin 2000 à Décembre 2015

Bachar el Assad promet de mettre en œuvre des réformes économiques et politiques en Syrie, et est élu président de la République par un référendum qui s'est tenu le 10/07/2000, certains syriens voyant en lui un réformateur qui démocratiserait le pays. À la suite de son élection, le régime se libéralise timidement, ce qu'on appelle généralement le « Printemps de Damas ». Des centaines de prisonniers politiques retrouvent la liberté, des forums regroupant des intellectuels parlant de la démocratisation de la Syrie et de la fin de l'état d'urgence en vigueur depuis 1963 voient le jour. Sous la pression de la vieille garde du régime, Assad met fin à ce mouvement libéral en 2003 en déclarant qu'il est des limites à ne pas franchir. Il fait arrêter des dizaines d'intellectuels qui avaient signé une déclaration avec les Frères musulmans.

L'assassinat, en février 2005, de l'ancien Premier ministre libanais, Rafiq Hariri, provoque la colère d'une large partie de la population libanaise, les accusations se focalisant rapidement sur les services secrets syriens. En janvier 2006, Bachar el-Assad est accusé d'avoir menacé Rafiq Hariri quelques mois avant son assassinat, ainsi que d'être l'une des têtes d'un système mafieux s'étendant à la Syrie et au Liban.

Bachar El Assad est reconduit à la présidence de la République par 97,62 % des suffrages exprimés lors d'un référendum présidentiel organisé le 27 mai 2007.

En mars 2011, le Printemps Arabe gagne la Syrie où le peuple se soulève, à Deraa, en pays druze à l'origine. La Syrie est un élément clé de l'ambition iranienne de créer un arc chiite avec l'Irak post Saddam Hussein et le Hezbollah libanais. A partir de juin 2013, l'Etat islamique, né en Irak en 2006, prend le contrôle du tiers désertique Est de la Syrie avec comme capitale Raqqa en Syrie. La Syrie utile où vit 80% de la population est dans la partie ouest entre Alep et Damas, avec le réduit alaouite sur la côte.

Le 30 juin 2013, les États-Unis affirment qu'il existe des preuves indéniables que le gouvernement de Bachar el-Assad a utilisé des quantités limitées d'armes chimiques, à plusieurs reprises, contre les forces rebelles. Cela aurait commencé en décembre 2012 à Homs.

Le 26/01 2015 le groupe djihadiste Etat islamique (EI) a été chassé de Kobané par les forces kurdes, appuyés sur les frappes aériennes américaines. Cette ville était en danger et encerclée depuis octobre 2014. Mais par la suite L'Etat islamique (EI) élargit sa zone d'influence Le groupe djihadiste s'empare le jeudi 21 mai 2015 de la ville de Palmyre en Syrie. La chute de cette cité vieille de plus de 2 000 ans fait craindre pour ses ruines inestimables classées au Patrimoine de l'humanité, mais elle représente également une victoire significative pour le groupe terroriste dans la région.

L'Axe Damas/Téhéran/Bagdad/Hezbollah libanais est allié à la Russie de Vladimir Poutine.
Depuis le 30/09 2015, les Russes bombardent la Syrie.
Le 31/10 2015 le crash de l'avion russe qui avait fait 224 morts dans le Sinaï égyptien est bien un attentat de l'Etat Islamique en représailles des bombardements. Poutine ne le reconnaîtra que le 17/11 2015, après les attentats de Paris de l'Etat Islamique du vendredi 13/11 2015.
Le 23/12 2015 Amnesty International fait un bilan humain de près de 2.000 morts, de centaines de civils tués, et de possibles crimes de guerre : le rouleau compresseur russe frappe en Syrie, contre les « terroristes » selon Moscou. Mais pour l'essentiel, les opérations ont lieu dans des zones où le groupe djihadiste Daech n'est pas présent.

Du 15/11 au 23/11 la France qui ne bombardait jusqu'alors qu'en Irak, se met à bombarder l'Etat

Islamique en Syrie, en utilisant le porte-avions Charles de Gaulle.

La question se pose : la France de Hollande doit-elle s'aligner sur la Russie de Poutine ?

Conclusion sur la période 2011-2015

Après 2011, la Syrie est devenu un Etat inféodé à l'Iran, instable et une zone grise de la planète.

La guerre entre l'armée de Bachar El Assad et les forces russes (4.000 hommes), du Hezbollah Libanais (7 à 9000 miliciens) et des gardiens de la Révolution iraniens; et les combattants du front Al Nosra (lié à Al Qaïda) et de l'Etat islamique soutenus par les puissances sunnites comme la Turquie, l'Arabie Saoudite et le Qatar fait de ce pays le « maillon faible » de l'arc chiite car il ne repose que sur 15% de la population.

Au 31/12 2015, la guerre en Syrie aurait fait plus de 250.000 morts. Si la Syrie tombe aux mains des sunnites, l'arc chiite s'effondre. Damas est un pion essentiel dans le jeu de Téhéran et de Moscou. Cela explique leur forte volonté de renforcer Bachar El Assad et de détruire l'Etat Islamique

Marc de Velder

7 - Origines et enjeux de la guerre syro-irakienne

Introduction

Les pays extérieurs sont entrés dans la guerre parfois sans stratégie - Barak Obama déclarant le 28/8/14 : *"ne pas avoir pas encore de stratégie"* *pour contrer les djihadistes en Syrie,* mais avec des agendas de sortie de crise incompatibles sur le maintien ou non du régime alaouite, et, accessoirement, le sort de Bachar al Assad. Le blocage des institutions onusiennes en 2012 par le veto de la Russie et de la Chine et l'évitement de l'option militaire par Barak Obama en août 2013, on laissé le champ en Syrie à la perversion d'une contestation démocratique pacifique en guerre civile. Chacune des puissances étrangères arme son protégé. La guerre de civile devient confessionnelle de l'action cynique du régime syrien qui écrase les rebelles modérés en ménageant l'EI qui multiplie les exactions. Dos au mur, le président syrien entend sauver son pouvoir en se présentant comme la seule alternative au chaos islamiste. L'absence d'unité et de leader naturel de l'opposition modérée, l'hostilité ancestrale entre l'Iran et l'Arabie saoudite, l'irruption de la Russie sur la scène moyen-orientale, rendent la recherche d'une solution politique longue et complexe tandis que la progression de l'EI est stoppée et son déclin annoncé.

La guerre en Irak et en Syrie sont des guerres à la fois civiles et étrangères, politiques et confessionnelles, qui trouvent leur origine dans des oppositions politiques intérieures dont l'origine, ancienne, est à rechercher dans les conditions de fondation de ces Etats et les séquelles des conflits des vingt dernières années. Les mouvements islamistes fondamentalistes, al Nosra et Etat islamique construisirent leur succès militaires sur la déliquescence de l'Etat irakien et la décision du régime de Bachar al Assad d'écraser la révolution démocratique syrienne en soutenant leur développement pour mieux les diaboliser. Les risques et opportunités offertes par la déstabilisation du régime syrien, au regard de leurs ambitions concurrentes, ont conduit les voisins de ces deux pays à intervenir par le soutien officiel et officieux au régime syrien ou aux diverses factions, parfois avec des retournements d'alliance comme les menaces proférées par l'EI contre l'Arabie saoudite et ses attentats en Turquie.

Les projets concurrents de gazoducs de l'Iran et du Qatar vers la Méditerranée et la crainte de l'instauration d'un axe chiite Iran-Irak-Syrie-Hezbollah libanais ont cristallisé l'animosité historique entre les monarchies pétrolières sunnites et l'Iran chiite.

L'ingérence des pays occidentaux, au nom d'un soutien à l'opposition démocratique syrienne et en réplique aux attentats perpétrés par les mouvements islamistes sur leur territoire, n'est pas non plus exempt de considérations économiques et géostratégiques. L'alliance de la Russie avec l'Iran pour se rendre incontournables dans un règlement militaire et politique de la crise s'explique également par la volonté de conserver des bases militaires en Syrie et de faire obstacle au projet de gazoduc qatari. Les ambiguïtés de la Turquie, membre de l'Otan, mais laissant prospérer Al-Nosra et l'EI à ses frontières en ne soutenant pas l'engagement militaire occidental et en ne faisant pas obstacle aux trafics d'armes et de pétrole, de crainte de voir s'installer une zone kurde libérée, contribuèrent directement à l'instauration de l'EI.

Le conflit en Irak et en Syrie est ainsi une guerre entre des puissances régionales et mondiales dont la façade confessionnelle ne doit pas dissimuler la réalité géostratégique. Le choix de l'alliance arabo-occidentale de se limiter, pour l'essentiel, à des frappes aériennes, abandonne, en Syrie, compte tenu de la faiblesse de l'ASL, la reconquête engagée fin 2015 aux troupes du régime appuyées par des supplétifs iraniens et libanais, sur des objectifs 'préparés' par des frappes massives de la Russie. En Irak, la reconquête par l'armée, appuyée par la brigade Al-Qods iranienne est engagée mais sans véritable agenda de réconciliation nationale entre chiites et sunnites.

Quatre ans après le Printemps syrien, les 220 000 morts syriens sont le décompte funèbre des blocages diplomatiques, des tergiversations, des égoïsmes des Realpolitik, et de la capacité hors norme de résilience du pouvoir du clan Assad.

Il convient donc d'analyser chacune des origines du conflit qui constituent aujourd'hui un écheveau rendant la défaite militaire des mouvements islamistes possible mais longue et douloureuse, tandis que la recherche d'une solution politique, complexe, mais indispensable s'ouvre dans le cadre de Genève III en janvier 2016. Ramener le conflit à l'une seule de ces causes serait réducteur et propagandiste. Elles seront examinés autant que possible, chronologiquement mais sans ordre d'importance relative toutes contribuant au pandémonium irako-syrien.

La déliquescence de l'Etat nation irakien, séquelle de la troisième guerre du Golfe, fonde l'alliance entre cadres baasistes et islamistes

L'essor de l'EI est un 'retour de l'Histoire' car l'Etat irakien a été créé en 1920 sur la base d' *"une double domination : confessionnelle, des sunnites sur les chiites, et, ethnique, des Arabes sur les Kurdes"* (Jean-Pierre Luizard).

Après la chute du régime baasiste de Saddam Hussein le 1/5/03, Paul Bremer, l'administrateur américain de l'Irak, au lieu de procéder à une purge sélective des cadres et militaires du régime les plus impliqués dans la dictature abattue, comme cela avait été fait à Nuremberg à l'égard des dirigeants nazis, licencie massivement fonctionnaires et soldats sunnites et laisse les gouvernements chiites dirigé en sous-main par l'Iran se livrer à une occupation dans l'occupation. La majorité chiite prend la réalité du pouvoir, ménageant les kurdes irakiens qui bénéficient d'une autonomie de fait, mais se vengent de la répression de Saddam Hussein en opprimant la minorité sunnite. Les sunnites, humiliés, prennent temporairement le contrôle de Falloujah en 2004, peuplent les rangs d'AQI créé le 1/10/04 puis de l'EI créé le 1/10/06. Barak Obama accélère la sortie d'Irak par les accords SOFA 17/11/08. Le dernier G.I. quitte l'Irak le 1/12/11 alors que le gouvernement de Al Maliki ne fait qu'alourdir le joug chiite sur les sunnites se livrant à "une occupation dans l'occupation" (Michael Weiss & Hassan Hasan).

Les cadres, militaires et policiers, du régime baasiste vont constituer une alliance avec les dirigeants de l'EI, récemment libérés de la prison américaine de Bucca, notamment le futur Calife Ibrahim et écrire le plan de conquête de l'Irak. La conquête de Racca puis de Mossoul n'a en fait rien d'improvisé. L'alliance avec les tribus sunnites violentées par le régime de Bagdad, l'établissement de listes de cadres à exécuter, l'organigramme du futur califat, les principes de fonctionnement de l'EI ont été dûment documentés par Haji Lakr, un ancien colonel des services de sécurité de l'armée de l'air, ancien prisonnier de Buca. Son plan 'Principes de l'administration de l'EI' a été retrouvé et publié.

La surenchère d'exactions pour le leadership du djihadisme

L'EI est schismatique d'Al Qaïda. La centrale historique du djihadisme international, affaibli par la mort de son icone Ben Laden le 2/5/11 se voit ringardisée par l'irruption de l'EII qui fait une OPA sur les opérations djihadistes en Irak et en Syrie. L'EI d'Al Baghdadi, reprenant la doxa tafkiriste d'Al Zarkawi, concentre son djihad non tant sur l'ennemi extérieur, les Croisés, que sur les hérétiques chiites. La surenchère des exactions sert sa propagande qui vise à terroriser les soldats chiites irakiens et syriens, à attirer les financements des monarchies du Golfe et de la Turquie et également à attirer le maximum de recrues étrangères. L'expansion apparemment irréductible de l'EI en 2014 et sa propagande 2.0 lui vaut le ralliement de combattants d'autres milices et de recrues étrangères. Cette concurrence entre mouvements islamistes va jusqu'à l'affrontement direct notamment lors de l'expulsion d'Al-Nosra de Deir ez-Zor par l'EI. En 2015, l'EI mort la main qui l'a nourri en appelant au renversement des Saoud et en commettant des attentats en Turquie. Cette recherche du maximum d'ennemis peut sembler irrationnelle pour un esprit occidental mais, dans une vision eschatologique, l'EI est persuadé que l'embrasement général de l'oumma et le combat final (Dabiq) entre moudjahidin et Croisés viendra fonder pour l'éternité le règne pour l'éternité du Califat.

Le printemps arabe syrien orphelin

L'échec de la révolution démocratique syrienne à renverser pacifiquement le régime de Bachar el Assad s'explique par la répression féroce du régime, par le débordement par les miliciens islamistes et par l'attentisme occidentale. L'armée syrienne recourt aux armes conventionnelles et non conventionnelles sur les forces rebelles de l'ASL qui sont attaquées également par les milices islamistes. L'absence d'alternative laïque, démocratique et nationale au régime baasiste laissa le champ au dépeçage du territoire syrien par les milices islamistes.

La politique du pire de Bachar el Assad : 'moi ou le chaos'

Face aux manifestations de l'opposition démocratique débutant le 15/3/11, au-delà de la violente répression, Bachar el Assad prit le 31/5/11 une mesure d'amnistie de centaines de prisonniers politiques, islamistes radicaux notamment des combattants djihadistes emprisonnés à leur retour d'Irak, renforçant consciemment les rangs des milices islamistes. Le régime alimente alors cyniquement la rébellion islamiste afin d'asseoir sa propagande 'Moi ou le chaos'. Le régime frappe de manière plus lourde l'ASL que l'EI. EI et régime baassiste se ménagent, l'EI concentrant ses attaques sur les rebelles modérés. Le régime est responsable de l'extrême majorité des victimes civiles par ses frappes conventionnelles et non conventionnelles (gaz sarin, gaz chlore, barils de TNT, encerclement et famine). Se présentant comme le défenseur des minorités religieuses, chrétiennes et druzes, le régime alaouite instrumentalise la confessionnalisation de la guerre civile qui était au départ en 2011 un mouvement populaire laïc pour plus de liberté. EI et régime alaouite sont ainsi dans une relation symbiotique, les crimes de guerre de chacun se justifiant de ceux de l'autre. L'Iran fournit armements et supplétifs des milices d'Al Qods et du Hezbollah. L'aviation Russie ayant sauvé militairement le régime par du 'carpet bombing' faisant de très nombreuses morts collatérales. L'affaiblissement de la rébellion non islamiste contribue ainsi imposer le choix manichéen : Assad ou l'EI. Ce stratagème peut réussir tant que les pays occidentaux, l'Arabie saoudite, l'Iran et la Russie n'auront pas trouvé une alternative à Bachar al Assad qui leur convienne à tous, alors et seulement alors, il sera lâché peut-être par ses protecteurs russes et iraniens pour un pouvoir plus acceptable au regard des crimes de guerre commis par le régime syrien.

L'expansionnisme wahhabite empêché

L'Arabie saoudite est depuis la participation du cheikh Hussein à la victoire alliée sur l'empire ottoman, et la découverte de pétrole et du gaz, le pilier de la politique arabe occidentale. Gardien des lieux saints, le royaume wahhabite a confirmé cette alliance structurante lors du pacte du Quincy passé entre Ibn Séoud et Roosevelt le 14/2/45. En contrepartie de l'assurance de la protection militaire occidentale, la dynastie saoudite bénéficie d'une politique de non engagement occidental dans ses affaires intérieures malgré la répression de toute opposition libérale. Pour équilibrer cet alignement géostratégique sur l'occident, le régime donne une grande liberté de prosélytisme religieux à son clergé qui prêche un islam intégriste et la reconquête de Jérusalem. La minorité chiite du royaume, maintenue sous une étroite surveillance, est perçue comme une 'cinquième colonne' de l'ennemi iranien. Les Etats-Unis devenus énergétiquement auto-suffisants grâce au pétrole de schiste, l'administration Obama a fait le forcing pour négocier l'accord de Vienne sur le nucléaire iranien du 14/7/15 frustrant à la fois son allié israélien et son protégé l'Arabie saoudite. En réponse, l'Arabie saoudite engage le 26/3/15 sa propre guerre, dans son arrière-cour, au Yémen, contre les Houtis soutenus par l'Iran et resserré les liens avec la France. L'objectif de renversement d'Assad, commun aux Etats-Unis et à l'Arabie saoudite, dissimule un refroidissement durable de leur relation tandis que l'ambition de prééminence régionale saoudienne est durablement avec le retour d'un Iran, à nouveau respectable, dans 'le concert des nations'.

La volonté iranienne de constituer un 'croissant chiite'

La rivalité entre l'expansionnisme arabe et la volonté de domination iranienne de sa sphère d'influence historique est réactivée par le conflit syro-irakien. L'ambition iranienne est ancestrale, elle remonte à la haute antiquité et à l'empire sassanide. La chute de la dynastie Pahlavi alignée sur l'occident et l'instauration le 11/2/79 d'une république théocratique dirigée par l'ayatollah

Khomeiny inquiète les monarchies du golfe. A la rivalité pour le contrôle du Golfe persique, s'est jointe la concurrence pour le leadership sur l'oumma entre le chiisme iranien et le wahhabisme saoudien. La mise à l'écart des élites sunnites par les américains qui donnent les clés du pouvoir aux chiites irakiens, sous allégeance iranienne, est une occasion historique pour l'Iran de constituer un croissant chiite Yemen-Iran-Irak-Syrie-Sud Liban sous contrôle du Hezbollah. Le régime syrien devient l'obligé voire le féal de l'Iran qui le finance et défend militairement son territoire. L'ambition d'imperium régional sert l'enjeu économique : le projet de gazoduc iranien traversant Irak et Syrie pour accéder à la mer Méditerranée. Le retour de l'Iran 'dans le concert des nations' respectables après la levée des sanctions internationales 16/1/16 permet à l'Iran d'utiliser l'arme de la diplomatie économique vers les pays occidentaux désireux de participer au nouvel essor iranien.

31 Août 2013 : Le renoncement américain à l'option militaire en Syrie

Lors de son discours du Caire du 4 juin 2009 pour « un nouveau départ », le nouvellement élu Président Obama avait affiché une ouverture vers le monde musulman. En pratique, la volonté de mener une diplomatie 'anti-Bush' se marquera par un désengagement américain du Moyen-Orient justifié par l'indépendance énergétique nouvelle grâce aux gaz de schiste et par une volonté de redéploiement vers l'   Asie du Sud-est. En août 2014, au lendemain du déclenchement de l'expansion de l'EI en Syrie, Obama déclare « ne pas avoir de stratégie » (sic) excluant alors des frappes aériennes en Syrie. Quant à l'EI, Obama le qualifie fin 2014 d' « équipe de seconde division » (par rapport à Al Qaïda).

08/2012 Barak Obama fixe une 'ligne rouge' à ne pas dépasser par le régime syrien : l'usage d'armes chimiques contre les populations civiles.
30/04/13 Barak Obama déclare que si la ligne rouge était dépassée, « cela changera la règle du jeu, Il nous faudra repenser nos options » en clair que les Etats-Unis n'excluront plus des attaques en représailles sur les forces syriennes.
13/03/13 Attaque de l'armée syrienne au gaz sarin sur des populations civiles
21/8/13 Massacre de la Goutha (sud de Damas) par lâcher de gaz sarin sur les populations civiles. Ce crime est imputé aux forces syriennes par la France qui déclassifie et publie un rapport de la DGSE en ce sens.

31/8/20132 La France, la Grande-Bretagne et les Etats-Unis se préparent à délivrer en réponse des frappes aériennes sur les centres de commandement syriens responsables des frappes au gaz de guerre. Le bombardement est programmé pour la nuit du 31 août 2013 au 1er septembre.

La réticence du Parlement anglais à engager la Grande-Bretagne dans un engagement militaire en Syrie retarde l'attaque, Barak Obama procrastine et décide de consulter également le Congrès américain. La Russie met à profit ce délai pour proposer aux Etats-Unis en urgence un plan de démantèlement de l'arsenal chimique syrien sous la supervision de l'OIAC que Bachar al Assad se précipite d'accepter. Barak Obama, qui vient d'achever le 18/12/2011 le désengagement des Etats-Unis d'Irak, se rallie au plan russe. L'option militaire est abandonnée, Assad sort vainqueur de l'épreuve de force. Barak Obama, se dédiant sans préavis vis-à-vis de la France, a choisi l'option diplomatique. L'absence de frappes occidentales à l'été 2013 prive les populations civiles et l'ASL d'une protection attendue; l'armée syrienne poursuivra dorénavant, sans vergogne, ses frappes conventionnelles et non conventionnelles (lâcher de barils de TNT, usage du gaz chlore) sur les opposants. L'irruption de l'EI sur la scène irakienne et syrienne en 2014 donnera motif à l'intervention occidentale mais un an et des milliers de morts civils plus (trop) tard. Laurent Fabius critiquera à mots à peine couverts cette reculade américaine déclarant le 16/3/16 : «Quand on écrira l'histoire, on écrira que c'est un tournant, pas seulement pour la crise du Moyen-Orient, mais aussi pour l'Ukraine, la Crimée et pour le monde."

13/9/13 Le secrétaire général de l'ONU, Ban Ki-moon, accuse le président syrien de «crimes contre l'humanité».
13/12/13 Le rapport final de la mission d'enquête de l'ONU juge probable mais non certaine la responsabilité du régime syrien.

L'enjeu gazier, la raison cachée ?

<u>Les faits</u>
Les revenus gaziers sont un enjeu vital pour le Qatar et l'Iran, 2e et 3e détenteurs de réserves, après la Russie, qui partagent, sous le golfe persique, le premier gisement mondial de gaz, celui de South Pars/North Dome. L'Arabie saoudite, soucieuse de maintenir ses parts de marché face à la récente indépendance énergétique américaine, suite à l'exploitation de pétrole de schiste, maintient

une production abondante dopant les prix à la baisse, acceptant un déficit important de son budget (20 % du PIB). Le baril est, à fin 2015, à un plus bas historique à moins de 30 $ après un plus haut à 110 $ en 2012. L'Iran, libéré des sanctions économiques depuis 16/01/16 entend relancer son économie en augmentant ses exportations de gaz et de pétrole. Deux projets de gazoducs gaziers concurrents, tous deux permettant d'exporter le gaz extrait du gisement partagé directement en Méditerranée ont été annoncés. Le projet qatari passant par l'Arabie saoudite, la Jordanie, la Syrie jusqu'à la Turquie est contrarié par le projet iranien de 10 milliards $ passant par l'Irak et la Syrie, annoncé le 25/07/11 et finalisé en juillet 2012. Le projet qatari avait été préparé par un accord diplomatique entre le Qatar et la Syrie en février 2010 mais la Syrie a donné sa préférence au projet concurrent iranien, soutenu par la Russie. La Russie, principal producteur de gaz mondial et le principal fournisseur européen mais sa production devrait plafonner en 2019 puis baisser de 30 % ensuite, déstabilisant gravement son économie, a un enjeu vital à préserver le plus longtemps possible sa rente gazière. D'ami de la Syrie, le Qatar devient le soutien des milices islamistes œuvrant au renversement du régime.

Récemment d'importants gisements de gaz off shore ont été découverts en Méditerranée : en zone économique libanaise (Tamar, partagé avec Israël), syrienne et israélienne (gisement Léviathan en 2010), chypriote (Aphrodite 2011) et encore plus en zone égyptienne par l'ENI le 31/8/15. Certains experts estiment que le gisement égyptien est plus important que celui de North Dome/South Pars. Fin 2013, la Russie a signé un accord avec la Syrie pour l'exploration des gisements de la Méditerranée orientale. Les majors occidentaux BP, ENI… sont également actifs.

<u>L'hypothèse</u>

Plusieurs média prestigieux (New York Times, Foreign affairs review, Guardian) affirment, notamment au vu de documents révélés par WikiLeaks, que les Etats-Unis, la Grande-Bretagne, la France et Israël, soucieux de réduire leur dépendance au gaz russe, ont, face au refus du Président Assad de soutenir le projet qatari et de privilégier le projet iranien, décidé d'œuvrer à son renversement. Le soutien, lui avéré, des monarchies du Golfe aux mouvements islamistes en Syrie serait ainsi motivé par des considérations autant économiques que confessionnelles. Les Etats-Unis et la France auraient eux ainsi soutenu la rébellion démocrate pas uniquement pour des raisons humanitaires. La Russie serait dans cette analyse, intervenue militairement en Syrie pour être partie prenante à la maîtrise de tout gazoduc traversant le pays en ayant fait du régime alaouite son obligé et pour participer à l'exploitation donc à la maîtrise du gaz syrien.

Cette analyse géoéconomique du conflit repose sur un fait certain : la concurrence entre deux projets de gazoducs. Est-ce la cause principale de l'embrasement syrien ? Probablement pas, mais il est certain que l'enjeu gazier contribue à exacerber l'hostilité entre l'Iran et les pays arabes du Golfe.

Le rêve turc déçu de soft power puis la neutralité coupable

La Turquie, pays sunnite, a, en 2011, une double ambition : entrer dans l'Union européenne et retrouver un magistère régional dans une zone anciennement ottomane. L'ancrage à la fois dans l'Otan et dans l'Islam à travers l'OCI, sa position géographique charnière, le poids de son économie fondent cette volonté. Le gouvernement dirigé par le parti conservateur AKP de Recep Tayyip Erdogan a pris une posture islamique jugée contraire au kémalisme par l'opposition. Son soutien avoué aux Frères musulmans et une relation privilégiée avec le Qatar, soutien du

Hamas, a détérioré la relation avec Israël. Mais le renversement du gouvernement de Mohamed Morsi 4/7/13 brise l'axe turco-égyptien et laisse la Turquie isolée. Après une lune de miel avec la Syrie marqué par la suppression des visas en 2009 comme avec l'Irak en 2008, l'ambition néo-ottomane se brise sur l'alignement de la Syrie sur l'Iran puis sa dépendance croissante vis-à-vis de la Russie. La Turquie œuvre alors au renversement de Bachar al Assad et facilite l'essor des milices islamistes en laissant prospérer les trafics de l'EI de pétrole pompé sur les champs pétroliers irakiens et syriens et les passages de recrues internationales qui passent sans difficulté la frontière turque vers les zones de combat. La Turquie accepte de servir de base arrière aux mouvements djihadistes qui viennent s'armer ou se soigner en Turquie. La volonté turque d'empêcher tout irrédentisme kurde turc, la condamnation comme association terroriste du PYD, affilié au PKK pourchassé en Turquie, dont l'YPG est la branche armée, lui font refuser le passage de peshmergas irakiens et assister en observateur à la chute annoncée de Kobané, ville frontalière syrienne kurde. La pression américaine leur fera accepter, à contrecœur, le passage de renforts de kurdes irakiens. Le siège de Kobané (09-14 / 06-15) marque la reconnaissance par la communauté internationale de la capacité des kurdes syriens à repousser l'EI. C'est l'attentat perpétré à Ankara le 10/10/15 qui décide la Turquie à pourchasser les miliciens islamistes présents sur son territoire (des centaines d'arrestation ont lieu dès le lendemain de l'attentat), à autoriser l'usage par les avions de la coalition de la base Otan d'Incirlik et le survol de son territoire par ces avions, et à frapper (frappes aériennes et bombardements terrestres) l'EI, mais aussi des positions kurdes. L'irruption de la Russie sur la scène militaire conduit à des tensions et à une crise diplomatique ouverte suite à la destruction d'un avion russe le 24/11/15 par la chasse turque. En concurrence avec l'Arabie saoudite et le Qatar, la Turquie abrite sur son territoire une partie de l'opposition démocrate au régime à travers laquelle elle entend jouer sur les solutions de sortie de crise. La Turquie s'est faite le défenseur des Turkmènes syriens contre Assad et la Russie. Les deux millions de réfugiés syriens et irakiens sur son territoire constituent, une monnaie d'échange diplomatique face au refus des pays européens d'accueillir au delà de quelques dizaines de milliers de réfugiés. La Turquie, isolée et marginalisée par le jeu des grandes puissances qui tiennent les termes d'un compromis sur le sort de la Syrie pourrait être tentée par l'option militaire en envoyant des troupes au sol afin d'empêcher la création d'un Kurdistan syrien fermant sa frontière avec la Syrie. Le sort fait aux kurdes dans une Syrie pacifiée sera une pomme de discorde durable. En témoignent les déclarations opposées du gouvernement turque déclarant le 26/1/16 que "le PKK est aussi dangereux que Daech, et le YPG, en tant que branche syrienne du PKK, est responsable de crimes et de massacres contre les populations de Turquie, comme de Syrie " et ce malgré la pression américaine pour cesser les attaques turcs contre l'YPG, tandis que la Russie affirme, en réplique, le même jour, qu' "il n'y a pas de solution de paix en Syrie sans les kurdes".

L'engagement militaire de la Russie complique la sortie politique de la crise

La Russie a engagé en Syrie des forces militaires officiellement en réponse à la menace intérieure représentée par les combattants djihadistes issus des Etats à forte population musulmane (Tchétchénie, Daghestan,...) de la Fédération de Russie, et en réponse à une demande d'assistance du gouvernement syrien. Sa motivation stratégique, non avouée, est double : faire barrage au projet de pipeline gazier qatari et préserver (port de Tartous) et élargir (base aérienne) ses facilités militaires en Syrie concourant à son ambition de renforcement naval en Mer noire / Méditerranée après l'annexion de la Crimée le 18/04/14. Par sa présence réaffirmée au Moyen-Orient, la Russie entend occuper l'espace délaissé par les Etats-Unis qui, devenus énergétiquement autosuffisants, souhaitent s'impliquer moins dans la région. Militairement, les frappes aériennes russes, moins ciblées que les frappes occidentales, visent autant les forces rebelles démocrates que les milices islamistes et causent de nombreuses 'pertes collatérales' de civils. permettant aux forces du régime, appuyées par des pasdarans d'Al Qods et des miliciens du Hezbollah libanais, de regagner du terrain perdu en 2014 et 2015. Une perspective de 'grande alliance ' fut promue par la France lors du déplacement de François Hollande à Moscou 26/11/15 mais n'aboutit pas compte tenu des désaccords sur le règlement politique de la crise. L'agenda de sortie de crise de la Russie et de l'Iran est en effet incompatible avec l'agenda américain et français. L'ajournement des négociations de Genève III est imputé par la France et les Etats-Unis à la volonté de l'alliance 4+1 (Syrie/Iran/Irak/Russie+Hezbollah) de consolider en priorité la reconquête territoriale. Russie et Iran entendent associer le régime alaouite aux négociations de sortie de crise conduites sous l'égide des NU et lui permettre de se présenter à des futures élections tandis que les Etats-Unis et la France l'excluent.

La Chine, observateur inquiet

L'attitude d'observateur de la Chine à l'égard de la crise irako-syrienne est marquée par le pragmatisme mais aussi l'inquiétude. L'axiome de la diplomatie chinoise, la non ingérence dans les affaires intérieures d'un pays souverain, la conduisit échaudée par l'usage fait par la coalition occidentale de la résolution 2011/1973 sur la Lybie, à s'opposer en 2012, au sein du conseil de sécurité à toutes les résolutions présentées par la France et les Etats-Unis visant à autoriser une intervention, sous l'égide du chapitre VII de l'ONU, et à maintenir des relations diplomatiques et économiques avec la Syrie comme elle l'avait fait avec l'Iran frappé de sanctions économiques internationales jusqu'au16/01/16. La Chine joint son veto à celui russe sur une résolution du Conseil de sécurité de l'Onu présentée par la France le 22/5/14 qui devait renvoyer le «dossier syrien» devant la Cour pénale internationale (CPI) pour ses violations monumentales des droits de l'homme et du droit humanitaire international. La priorité absolue de la Chine, premier consommateur mondial d'énergie fossile depuis 2010, face à un ralentissement de son économie est de sécuriser ses approvisionnements : accord gazier avec la Russie du 21/5/14, partenariat stratégique pour 25 ans avec l'Iran signé le 23/1/16 et maintien d'une relation privilégiée avec l'Arabie saoudite comme en témoigne le voyage du Président chinois le 19/01/2016. Cette diplomatie économique, la Chine l'appelle "une ceinture, une route' par référence à la nouvelle route de la Soie qu'elle entend développer avec l'Asie occidentale et le Moyen-Orient. La Chine souhaite une pacification de la zone également car elle s'inquiète de la présence de chinois musulmans Ouighours du Xinjiang dans les rangs de Daech. La minorité musulmane, ethniquement turco-mongole, réprimée par Pékin dans sa pratique religieuse commet des attentats sporadiques depuis 2012, notamment celui sur la place Tienanmen le 28/10/13. Le soutien de la Turquie au passage des recrues chinoises crée une vive tension entre les deux pays. La Chine a donc fait une entorse à son axiome de non ingérence en votant la résolution de l'ONU 2253 du 17/12/15 étendant la résolution 1267 votée en 1989 contre Al-Qaïda, à l'Etat islamique et, lors de la crise russo-turque, en appelant 'chacune des parties à la retenue'. Mais la RPC montre également les muscles en signant en 11/15 avec Djibouti un accord de dix ans pour y disposer de facilités navales militaires et en procédant à des manœuvres navales communes avec la Russie en Méditerranée en mai 2015.

Christophe Stener

8 - Ethnies et démographie de l'Irak et de la Syrie

Le Moyen Orient se situe à l'intersection de trois grands ensembles géolinguistiques : l'aire culturelle arabe (langue sémitique), à laquelle appartiennent la majorité des populations d'Irak et de Syrie, l'aire culturelle turque (langue ouralo-altaïque), représentée par les Turkmènes ou Tcherkesses qui se sont réfugiés dans ces deux pays, surtout au XIXème siècle avec la conquête du Caucase par les Russes, l'aire culturelle persane (langue indo-européenne) représentée par les Kurdes, une minorité de plus de 40 millions de personnes partagée entre quatre Etats, l'Irak, l'Iran, la Syrie et la Turquie. On compte aussi quelques minorités très anciennes, comme les Assyriens ou Assyro-chaldéens, qui parlent une langue sémitique, l'araméen, couramment utilisée encore au temps du Christ, et dont le syriaque est la version littéraire chrétienne. Les Arméniens, réfugiés dans ces pays après le génocide arménien de 1915, parlent une langue indo-européenne. Mais l'arabe jouit d'un statut privilégié en raison de sa relation spécifique avec l'Islam et le Coran. Le Persan s'écrit avec l'alphabet arabe, et c'est en arabe que tout le monde musulman psalmodie les versets du Coran.

La Syrie et l'Irak sont en fait des mosaïques ethniques, et bien entendu religieuses cf. chap. 9& 10, comme le montrent les cartes annexées. Sur une population estimée à 34,8 millions d'habitants en 2014, l'Irak comptait environ 75 à 80 % d'Arabes, 15 à 20 % de Kurdes, répartis surtout au Nord Est dans les régions de Mossoul et d'Erbil, et 5% de minorités, Assyriens et Turkmènes essentiellement. La Syrie comptait environ 22 millions d'habitants avant le début de la guerre civile en 2011, parmi lesquels une majorité d'Arabes (plus de 80 % de la population) mais aussi de nombreuses minorités, dont 2 millions à 2 millions et demi de Kurdes (9 à 11 % de la population), 150 000 Tcherkesses, environ 1 million de Turkmènes (6% de la population), 500 000 Assyriens et 100 000 Arméniens.

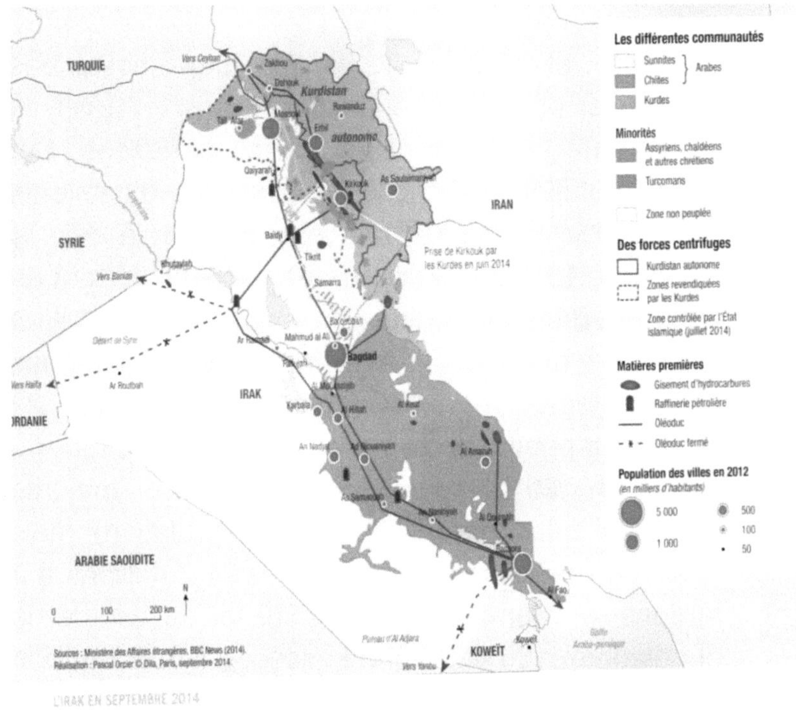

Source : Balanche - Géopolitique du Moyen-Orient

Les **Kurdes**, indo-européens de souche, qui représentent plus du quart de la population totale du pays, essentiellement regroupés dans le Nord Est de l'Irak, sont sans doute issus de la branche médo-scythe des anciens Aryens et parlent une langue iranienne plus proche du vieux perse que de l'actuelle langue persane, le farsi. Ils utilisent deux dialectes, le kurmandji dans la région de Mossoul, et le sorani dans la région de Sulaymaniyya. Les

Kurdes comptent à l'intérieur de leur communauté, des sectes comme celle des Yézidis* qui compterait environ 100 000 personnes essentiellement regroupées dans le Djebel Sindjar, et des tribus assyriennes qui sont parfois appelés des « chrétiens kurdes ».N'ayant pas obtenu d'Etat à la suite des traités de la Première Guerre mondiale, et après l'attribution de la province de Mossoul à l'Irak en 1925, les Kurdes se sont soulevés dès 1930, mais les Britanniques ont su jouer des rivalités tribales très vivaces, comme tous les gouvernements indépendants depuis la proclamation de la République en 1958 jusqu'à Saddam Hussein, qui en 1988 déverse ses gaz chimiques sur les villages kurdes (Halabja), accusés de s'être soulevés contre le pouvoir de Bagdad, à l'occasion de la guerre Iran Irak. Seul le Kurdistan irakien jouit aujourd'hui d'une relative autonomie mais, non seulement il revendique la région de Kirkouk, mais il se trouve aujourd'hui menacé par l'E.I.L. Quant aux Kurdes de Syrie, ils ont été pour 300 000 d'entre eux privés de la nationalité syrienne en 1962, et si leur langue et leur culture ont été officiellement reconnues en 2011, leur sort dépend aussi des relations, aujourd'hui mauvaises, du gouvernement syrien avec la Turquie voisine, où s'entassent des milliers de réfugiés, et où les Kurdes du PKK* (parti des travailleurs du Kurdistan) sont à nouveau considérés comme des ennemis.

Les **Juifs** qui constituaient une communauté prospère de quelques 250 000 personnes ont pour la plupart émigré après la fondation de l'Etat d'Israël en 1948.

Les **Chrétiens** d'Irak installés en Mésopotamie bien avant l'Islam représentent une communauté d'environ 200 000 âmes mais qui est extrêmement divisée, comme nous le verrons dans un prochain chapitre. Depuis 2003, la plupart d'entre eux ont émigré comme l'avaient fait les Assyriens, massacrés par les Kurdes en 1933, et réfugiés en Syrie.

La population de l'Irak comme de la Syrie est très inégalement répartie, plus de la moitié de ces deux pays étant désertique : elle se concentre dans les oasis (Ghouta de Damas), les plaines (Ninive) et les vallées des fleuves (Euphrate entre Raqqa et Deir Ez Zor pour la Syrie, Mésopotamie pour l'Irak) mais également pour des raisons historiques, les montagnes servant depuis longtemps de refuge aux populations persécutées, comme le Djebel Ansarieh pour les Alaouites*, le Hauran pour les Druzes*, ou les montagnes du Nord Est de l'Irak pour d'autres minorités, souvent présentes depuis la haute Antiquité.

Dans leur grande majorité en Irak, les **Arabes** sont les descendants de tribus bédouines, originaires de la péninsule arabique et venues se sédentariser dans les plaines plus fertiles du Tigre et de l'Euphrate ; les tribus chamelières d'obédience sunnite* ont imposé leur domination aux tribus, plus ou moins sédentarisées de cultivateurs, éleveurs et pêcheurs, d'obédience chiite*. Ces derniers, appauvris et humiliés, ont massivement quitté leurs terres, surtout entre 1930 et 1950, se réfugiant dans les bidonvilles des grandes agglomérations comme celui de Sadr city à Bagdad, qui apparaît pour les ¾ de son espace comme une métropole tribale, formée de gens qui sont liés par une appartenance à un groupe, issu d'une même communauté ou originaire d'un même village.

Le communautarisme est sorti renforcé par la mise en place de la nouvelle constitution en 2005, qui impose un président de la République kurde, un chef du gouvernement chiite, et un Arabe sunnite comme président du Parlement. Les partis politiques cèdent la place à des partis religieux et ethniques, provoquant, comme entre 2005 et 2008, une guerre confessionnelle entre chiites et sunnites, qui a fait des centaines de milliers de victimes, et expliquant le soutien à l'E.I.L des Arabes sunnites, après la répression féroce de leurs manifestations par les chiites en 2013-2014.

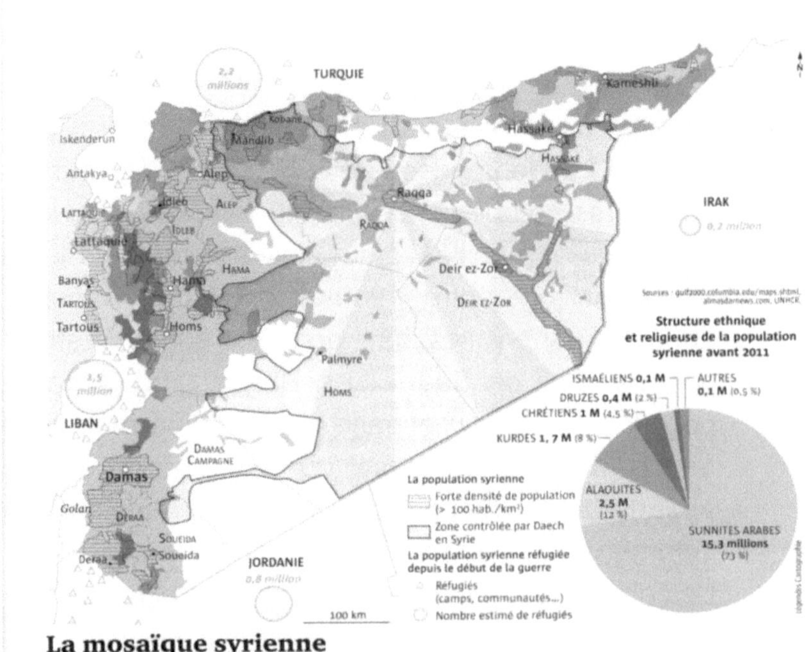

La mosaïque syrienne

Avant la guerre de 2011 et son cortège de morts et de réfugiés, la Syrie comptait 21 millions d'habitants. Près des trois quarts étaient des sunnites arabes, les trois autres principales minorités étant les alaouites, les Kurdes et les chrétiens. Malgré des majorités nettes qui se dessinent dans les différents gouvernorats, les communautés étaient localement fortement imbriquées. Le cas le plus typique est celui de la région côtière, dite alaouite, mais qui comprenait néanmoins 35 % de personnes d'autres confessions.

Source : revue Histoire

L'Etat syrien est également rattrapé par le confessionnalisme. Déjà par rapport à l'Irak, et face à la majorité arabe sunnite, y coexiste un plus grand nombre de minorités non musulmanes, plus diversifiées, de plus petite taille et plus dispersées, comme les Druzes* et les Alaouites* pratiquant des cultes syncrétiques et donc marginalisés sous l'Empire Ottoman, qui n'accordait le statut de « millet » (nation)* qu'aux « gens du Livre », chrétiens et Juifs. Mais la France, pour exercer son mandat entre 1920 et 1946, s'est appuyée sur les minorités druze et alaouite, suscitant la contestation des autres communautés qui forment alors le parti Baath (résurrection). Ce parti prend le pouvoir par un coup d'Etat en 1963, qui donne de plus en plus de poids aux officiers alaouites. Ces derniers s'emparent du pouvoir en 1971 avec le général Hafez El Assad, père de l'actuel président, qui installe un régime autoritaire et laïque, dénoncé comme impie par les Frères Musulmans, et dont le soulèvement en 1982 à Hama est impitoyablement écrasé.

Les populations **alaouites** depuis les années 1990 dominent les villes du littoral (Tartous, Lattaquié), et leur niveau de vie y est plus élevé que dans les autres régions massivement peuplées de sunnites, comme celles de Deir Ez Zor et de Raqqa, où l'alphabétisation des filles est également très faible. Quand le choc des printemps arabes atteint la Syrie en février-mars 2011, la répression impitoyable mise en œuvre par le régime favorise une fois de plus la communautarisation et la confessionnalisation de la crise, permettant l'émergence de groupes salafistes et djihadistes comme le front Jabhat Al Nosra, affilié à Al Qaïda, d'autant que, jouant la politique du pire, Bachar El Assad libérait de prison des centaines de prisonniers djihadistes, dont le nouvel idéologue du djihad global, Moussab Al-Souri, tout en bombardant les anciens officiers de l'Armée Syrienne Libre qui luttaient pour la démocratie.

La population de ces pays a évidemment diminué avec la guerre (la Syrie ne compterait plus que 18 millions d'habitants aujourd'hui : 260 000 morts selon l'ONU depuis 2011, mais aussi 3,5 millions de réfugiés et 7 millions de déplacés). Mais cette guerre est aussi, une « guerre des berceaux », selon l'expression du démographe Youssef Courbage, liée à des taux de fécondité très différents selon les communautés et à la peur pour certaines minorités de disparaître. La fécondité de ces pays est traditionnellement forte, même s'ils sont entrés dans la transition démographique.

La fécondité de la Syrie est passée de 8 enfants par femme en 1980 à 2,9 en 2014, encore deux fois plus élevée qu'au Liban ou en Iran, mais surtout elle n'a pas été homogène selon les régions. Celles du Nord, du centre ou de l'Est, majoritairement peuplées de Kurdes ou d'Arabes, ont une fécondité beaucoup plus élevée (5 ou 7 enfants par femme) que celles du sud et de la côte, majoritairement occupées par des minorités, religieuses en particulier (de l'ordre de 2 à 3 enfants).

Le déséquilibre démographique entre la minorité alaouite*, au pouvoir depuis les années 1970, et la majorité arabe sunnite* a été essentiel dans la genèse du conflit syrien. On se trouve ainsi avec une population arabe majoritaire à 75 %, alimentée par des flux de naissances abondants et en augmentation (les 15-24 ans ont été multipliés par 5,3 entre 1963 et 2012), et des minorités qui alignent moins du quart de la population et qui se reproduisent avec difficulté (les 15-24 ans n'ont été multipliés que par 2,4 pendant la même période).

En Irak avant le conflit, le taux de natalité restait élevé, de l'ordre de 32%°, le taux de mortalité relativement faible autour de 5,49%° (la population est jeune, même si l'espérance de vie n'est que de 69 ans en 2014), et le taux de croissance démographique était donc assez fort (2,7%) permettant d'envisager le doublement de la population au bout de 20 ans. Mais là encore les communautés ont un taux d'accroissement différencié.

Ce sont les chiites, surtout regroupés dans la moitié sud, qui ont la plus forte expansion démographique, avec une population majoritairement peu évoluée et très pauvre (les « Arabes des marais »), longtemps soumise au joug des Arabes sunnites, et dont une partie des dignitaires, résidant en particulier dans les villes saintes de Nadjaf et Karbala, a dû s'expatrier au moment de la guerre de l'Irak contre l'Iran entre 1980 et 1988. Aujourd'hui ce sont les chiites, parvenus au pouvoir avec l'ancien premier ministre Nouri Al Maliki, qui « persécutent » les sunnites, aussi ces derniers ont-ils massivement apporté leur soutien, en particulier les anciens officiers de l'armée de Saddam Hussein, à l'Etat Islamique au Levant.

Si la forte imbrication des minorités dans la Syrie rend la partition difficile sans un transfert massif de populations, la partition de l'Irak, globalement ethniquement divisé du Nord au sud entre les trois communautés kurde, arabe sunnite et arabe chiite paraît inéluctable, depuis l'intervention américaine de mars 2003, et surtout la guerre civile, qui a profondément divisé le pays depuis.

Dominique Mattei

9 - Islam

Le Coran : contexte de sa rédaction et diversités d'interprétation

L'islam* est apparu dans la péninsule arabique au VIIe siècle de notre ère. L'Arabie joue un rôle clé dans le commerce international de l'époque, entre la Mésopotamie, la Palestine, l'Égypte et le Yémen, ou « Arabie heureuse ». Dans ces échanges, les oasis du Hedjaz, devenus des relais urbains comme La Mekke ou Yathrib, exercent une influence grandissante et font, avec le pèlerinage à la Kaaba, la prospérité des tribus de commerçants comme celle des Qurayshites à La Mekke, dont descend Mahomet. L'oligarchie citadine tend à l'emporter sur les pasteurs nomades.

 Les tribus bédouines, animistes et païennes, qui forment l'essentiel de sa population, sont donc depuis longtemps en contact avec d'autres religions, zoroastrienne*, juive, chrétienne, qui se sont répandues au Yémen mais aussi en Arabie, comme ces Juifs avec lesquels Mahomet, réfugié à Yahtrib, composera d'abord. Mahomet, tout jeune, aurait rencontré un moine chrétien, Bahira, en Syrie, lors d'un de ses premiers voyages. Des lectionnaires syro-araméens traduits en arabe auraient donc inspiré le Coran, rendant moins obscurs certains passages, sur les « houris » ou le « voile », dont l'interprétation est très discutée. Car pour les musulmans, le Coran a un statut particulier, celui d'une parole révélée dictée par Allah à Mahomet, qui n'en serait que le très fidèle interprète.

A l'imitation de la poésie arabe classique, le Coran se présente comme un ensemble de 6235 unités indépendantes classées par ordre décroissant : les versets, regroupés en 114 sourates ou chapitres. Son ordre n'est donc ni chronologique ni thématique, et on distingue simplement les versets, plus longs et mystiques de la période mekkoise, de ceux de la période de Médine, plus courts et juridiques. Le Coran dans sa forme actuelle, empruntée aux sermons populaires, ne serait pas originaire d'Arabie, mais d'Irak. Il aurait été d'abord mémorisé par cœur par les principaux compagnons du prophète, c'est le sens même de Coran : « récitation ». Même si on y trouve encore des répétitions, sinon des contradictions entre versets (c'est le plus récent qui est censé être déterminant selon la théorie de « l'abrogeant et de l'abrogé »), c'est un travail progressif de réécriture qui a permis sa mise en forme.

Mais sur la date de cette mise en forme, on trouve encore de grandes divergences entre les savants qui optent pour une date tardive, et ceux qui rejettent cette thèse, en prétendant qu'une partie importante du Coran aurait trouvé sa forme dès l'époque du prophète. On a trouvé en effet, à Sanaa au Yémen, un très ancien coran, daté entre 650 et 690. C'est un indice de l'ancienneté de la mise par écrit du Coran sous les Omeyyades, puisque l'on dispose d'un texte stable, dès 658, et qu'il est fait allusion, dès 642, à des collectes systématiques du Coran sous les califes* Abu Bakr et Uthman.

Après la mort de Mahomet, il n'existe aucun codex complet du Coran dûment autorisé. Une première recension, appelée « codex entre les couvertures », aurait été opérée par Abu Bakr, à partir des exemplaires conservés (sur omoplates de chameaux) dans la famille d'une des épouses de Mahomet, Hafça. Une seconde recension, officielle celle-là, aurait été faite par le 3ème calife, Uthman, effrayé des divergences de récitation des prières par les soldats, lors de la conquête de l'Arménie en 645-646. Le « recueil modèle » d'Hafça, imposé au détriment de tous les autres, devient la seule « vulgate » (édition officielle) autorisée,

Enfin, dans une troisième phase, les interprétations du Coran sont définitivement fixées par la mise au point des signes diacritiques (ou de vocalisation), qui permettent de trancher entre les différents sens des mots, en particulier sous le calife abbasside Abd El Malik (685-705), le constructeur de la mosquée du Rocher de Jérusalem, Donc, s'il y a bien eu un travail progressif d'écriture et de stylisation, celui-ci s'est fait en moins de deux générations après la mort de Mahomet.

Malgré tout, les interrogations demeurent pour savoir ce qui relève de la Foi intangible (les musulmans s'accordent sur la foi en un Dieu unique à l'origine du monde, la foi en Mahomet son prophète, la croyance au jugement dernier et le fait que la Torah et l'Évangile sont aussi des livres divins), et ce qui est susceptible d'interprétations dans les versets contradictoires du Coran, suscitant dans l'Islam sunnite l'existence de quatre écoles juridiques d'interprétation : les Mâlékites (Maghreb et Afrique Noire), qui se distinguent des Chafiites et Hanéfites, qui accordent plus de place au raisonnement, enfin les Hanbalites, les plus rigoristes. Ce sont elles qui ont fixé progressivement les obligations du croyant connues sous le nom des cinq piliers de l'islam.
Ainsi le nombre des prières n'est pas fixé explicitement dans le Coran, qui n'en cite que trois, seule la prière du vendredi midi, accomplie collectivement dans la Grande mosquée est obligatoire pour tous les individus de sexe masculin

(Coran LXII, 9) ; elle inclut la Shahâda* ou profession de foi, elle comporte un sermon, la khutba, à dimension religieuse mais aussi politique et sociale, prononcée ou non par l'imam (guide et non prêtre). L'aumône ou zakat, premier impôt payé par les musulmans, est aussi un moyen de se purifier en donnant aux plus pauvres. Le pèlerinage à la Mekke ou Hadj, qui reprend les rites du « pèlerinage de l'adieu » en 631, n'est également obligatoire que pour tout musulman qui en a les moyens matériels.

Mais l'une des plus grandes manifestations collectives et obligatoires d'appartenance à l'islam, est le jeûne du Ramadan, réglementé par le Coran (II, 184-187), complété par la Tradition : ce mois rappelle la « nuit du destin », où le Coran serait « descendu » la première fois sur le prophète, mais aussi le mois de la victoire de Badr et de la prise de la Mekke, sinon la mort d'Ali, gendre et prophète de Mahomet. L'islam est moins une doctrine qu'un ensemble de rites. Il n'est pas seulement une religion, mais aussi un système juridique et social. Profane et sacré s'interpénètrent, le jour est rythmé par les prières, l'année est rythmée par les fêtes comme l'aïd El–Fitr qui clôt le ramadan.

Mahomet : quelles sources pour connaître sa vie et les débuts de la conquête ?

Le Coran ne possède que peu d'allusions (4 en tout) au prophète de l'islam. Il faut recourir à d'autres sources qu'on appelle les « hadiths », généralement fixés au IXe siècle, le plus célèbre étant celui de Bukhari, qui a vécu dans l'actuel Ouzbékistan, entre 810 et 870. Ce sont des témoignages, considérés comme apocryphes par les experts, sur les actes qu'il a pu accomplir, dans sa vie publique ou privée, ou des propos qu'il aurait tenus en dehors de la Révélation (consignée dans le Coran), et transmis dans des récits, selon une chaîne de témoignages qui garantiraient leur authenticité, à partir de ses épouses en particulier. L'ensemble de ces récits forme la Sunna* ou « manière de vivre du Prophète », étudiée systématiquement à des fins éthiques et juridiques pour servir de modèle, et le résultat de cette étude attentive est la Chariâ* ou « fil conducteur dans la vie ». Mais, si l'on ne peut contester l'existence historique du prophète de l'Islam, attesté également par des sources chrétiennes, byzantines et arméniennes, qui nous présentent d'ailleurs Mahomet moins comme un guide religieux que comme un chef de guerre, ces recueils de hadiths relèvent du genre hagiographique.

Les sîra, ou biographies de Mahomet (comme celle d'Ibn Ishaq écrite en 767 à la demande du deuxième calife abbasside) sont composées à partir des Maghâzi, (ses expéditions militaires dans la péninsule arabique, les seules qui aient un fonds de vérité) et amendées par des détails sur sa vie. Une recension officielle est faite sous Ibn Hisham au IXe siècle. Que peut-on en retenir ?

Né vers 570 et très tôt orphelin, recueilli par son grand-père puis par son oncle Abu Talib, Mahomet participe à l'activité commerciale de son oncle, et accompagne des caravanes jusqu'à Damas et Jérusalem. Puis il se met au service d'une riche veuve, Khadidja, qu'il épousa lui donnant plusieurs enfants dont seule survécut une fille, Fatima, future épouse d'Ali. Il y acquit le titre d'amin (le « loué »), la notoriété d'un homme digne de confiance, dont on sollicitait l'arbitrage en cas de conflit.
C'est vers 610 que l'on situe le début de sa prédication, à la suite d'une des nombreuses retraites qu'il aurait eu l'habitude de faire dans la grotte de Hira. Il aurait eu une vision, mais se serait cru fou, et ce n'est qu'après une période de doute et d'angoisse de près de deux ans, qu'il aurait eu d'autres « révélations », et se serait mis à les consigner dans des messages appris par cœur, le futur corpus coranique. Ces messages, pour les musulmans, ne sont pas la parole de Mahomet mais la parole de Dieu qui lui est transcrite par l'intermédiaire de l'ange Gabriel. Suivi par quelques

fidèles, dont sa femme et son cousin Ali, il gênait toutefois, par ses prédications dénonçant le pèlerinage à la Kaaba, le commerce des riches Mekkois, qui le persécutèrent ; il décida alors de quitter la Mekke en 622, après la mort de son oncle, Abu Talib, qui le protégeait.

Cette rupture (l'hégire*) marqua le passage d'une communauté minoritaire et persécutée à une communauté de plus en plus autonome et conquérante. A Yathrib désormais appelée Médine, Mahomet devint le chef d'une communauté tribale multiconfessionnelle formée de clans musulmans, mais aussi juifs et chrétiens, qui adhérèrent tous à une charte et il s'y révéla être un excellent politique. Ni théocratie ni État islamique, Médine devint le centre d'expéditions contre les Mekkois, que l'on peut considérer comme le point de départ des conquêtes musulmanes (victoire de Badr en 624 puis entrée victorieuse à la Mekke en 629). Les riches Mekkois se convertirent à l'islam, tout en gardant leurs privilèges avec l'institution du pèlerinage à la Kaaba, et provoquèrent la conversion des tribus nomades. Les tribus juives furent chassées ou exterminées, et à la mort de Mahomet, en 632, toute la péninsule arabique était gagnée à l'islam*.

Les conquêtes hors de l'Arabie et les divisions de l'islam

Ses successeurs (les califes*) n'eurent qu'à poursuivre les conquêtes hors de la péninsule arabique en profitant des faiblesses internes des empires byzantin et sassanide. Pour les musulmans, le djihâd est à la fois effort sur soi et conquête guerrière. L'islam atteignit les confins du monde occidental (Poitiers en 732) et ceux du monde chinois (Talas en 751). Constantinople, assiégée en 718, ne tomba qu'en 1453, mais l'empire byzantin, constamment sur la défensive est grignoté en Anatolie dès le Xe siècle, par les Turcs, Seldjoukides puis Ottomans, tandis que l'Orient, autrefois sassanide, devint le cœur de l'empire abbasside. Bagdad, la nouvelle capitale est fondée en 767 près de Ctésiphon. Se développa alors, entre le VIIIème et le XIIIème siècles, une brillante civilisation.

Mais la succession politique ne fut pas réglée jusqu'aux Abbassides, comme le montre l'assassinat par les Omeyyades, de plusieurs califes (Ali en 661 et son fils Hussein en 680) donnant naissance au chiisme*. Cette minorité (environ 10 % des musulmans, surtout rassemblés en Irak et en Iran aujourd'hui) s'appuyant sur un islam messianique et prophétique, qui pense que

Dieu continue d'inspirer les imams, successeurs du Prophète, et s'appuie sur un clergé très hiérarchisé formé de mollahs et d'ayatollahs*, s'oppose à la conception, profane et séculière, des Omeyyades et des Abbassides, qui donne naissance au sunnisme*, ainsi nommé seulement à partir du Xe siècle. Des courant radicaux, comme le kharidjisme déjà du temps d'Ali, et surtout le salafisme*, retour à l'Islam des origines, ou le wahhabisme*, devenu la doctrine officielle de l'Arabie Saoudite, sont apparus à partir du XVIIIème siècle, et surtout en réaction à la colonisation occidentale à partir du XIXème siècle avec les Frères Musulmans*. Ces derniers veulent restaurer l'Islam des origines et le califat (supprimé par les Turcs en 1924) et imposer la Charia* dans le cadre d'Etats islamiques, par la prédication, par la révolution (Iran en 1979) mais aussi par la lutte armée. Ce sont ces courants que l'on peut qualifier d'islamistes*, mais tous ne sont pas djihadistes*, comme les takfiristes qui veulent excommunier tous ceux qui ne partagent pas leur point de vue, soutenus par Al Qaida.

Cette division entre chiisme et sunnisme est un des enjeux majeurs de la crise actuelle en Syrie et en Irak, mais aussi de la recomposition de tout le Moyen Orient.

Dominique Mattei

10 - Divisions de l'islam et autres minorités religieuses

Deux générations après la mort de Mahomet, l'islam s'est donc divisé en deux grandes « familles d'esprit », les chiites et les sunnites, pour des raisons plus politiques que théologiques ou dogmatiques. Pour les Sunnites*, qui représentent environ 90% de la communauté (Oumma), le Calife*, successeur du Prophète, dépositaire de la charia* et commandeur des croyants, doit être le plus capable de diriger la communauté. Pour les Chiites*, la succession du Prophète revient à Ali, son gendre et fils adoptif, quatrième calife mais premier imam* de la communauté, dépositaire du sens caché des versets coraniques. Après l'assassinat d'Ali en 661 à Koufa, ses partisans reconnaissent l'autorité de ses deux fils, Hassan (2ème imam) et Hussein (3ème imam) et de leurs descendants. Mais la lignée des imams descendant d'Hussein, à son tour assassiné à Kerbala en 680, ne s'est pas maintenue jusqu'à nos jours. Le dernier imam, le mahdi, a été « occulté » en 873, et reviendra sur terre à la « fin des temps » pour inaugurer le règne de Dieu et révéler le sens caché du Coran. Champions d'un islam intègre et défenseur des opprimés, les chiites ont un clergé extrêmement hiérarchisé, des mollahs* aux ayatollahs*. Les croyants pratiquent chaque année, lors de la fête de l'Achoura, le culte du martyr Hussein et des pèlerinages marqués par l'émotion vers le tombeau d'Ali à Nadjaf.

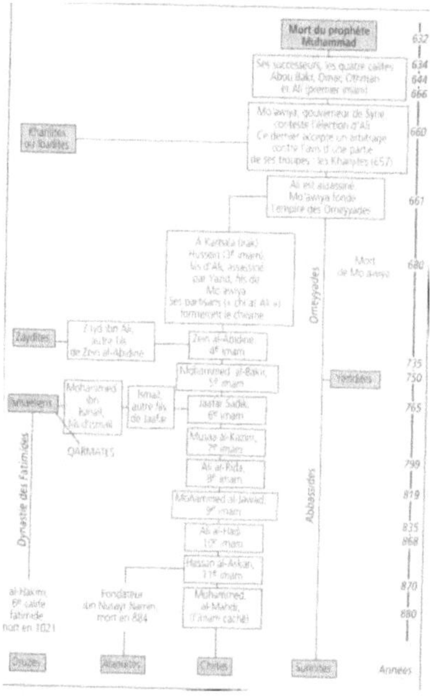

Source : Sfeir Antoine, L'islam contre l'islam

Les chiites se divisèrent eux mêmes en plusieurs courants, selon la lignée des imams dont ils reconnaissent l'autorité. Les zaidites, surtout nombreux au Yémen, et connus aujourd'hui sous le nom des rebelles houthistes*, ne reconnaissent que 5 imams. Les ismaéliens, dirigés par l'Aga Khan, et très nombreux au Pakistan, reconnaissent 7 imams. Les duodécimains, majoritaires en Irak et en Iran, reconnaissent 12 imams.

C'est de la branche ismaélienne que sont issus les **Druzes**, dont 200 000 sont présents au Liban, 50 000 en Israël, et près de 350 000 dans le sud de la Syrie. Ils pratiquent la restriction mentale ou « taqiya », pour préserver leur religion, réservée aux initiés, reconnaissables à leur turban blanc. Les Druzes ne constituent pas une ethnie mais une communauté religieuse dissidente du chiisme, apparue en Egypte sous le calife fatimide Al-Hakim (996-1021). Celui-ci est reconnu comme « incarnation divine » par un homme de Boukhara, Mohammed Al-Darazi, réfugié en Palestine, qui donnera son nom à la secte, et un Persan du nom d'Hamza Ibn Ali, grand connaisseur de la philosophie grecque et rédacteur d'un ouvrage sur les mystères de l'unité. Les Druzes attendent le retour d'Al-Hakim, disparu dans des conditions obscures. Synthèse des trois monothéismes avec des idées issues du manichéisme*, de l'Egypte antique, de l'Inde (croyance en l'évolution cyclique du monde et en la réincarnation), et du monde grec comme le néoplatonisme*, les Druzes effectuent un parcours initiatique qui permet à l'âme de s'élever et de se fondre en Dieu. Leur religion, ésotérique et mystique, est fortement influencée par le soufisme *. On naît druze, on ne peut pas le devenir. Les Druzes n'ont pas de mosquée ni de rite, ne se sentant pas concernés par les cinq piliers de l'islam, ni par le jeûne du ramadan ; et leur livre principal n'est pas le Coran mais le Livre de la Sagesse (lettres de missionnaires commentant le Coran). Leur grande fête célèbre pendant 10 jours le sacrifice d'Abraham, et ils rejettent la polygamie. Leur parcours initiatique réservé à un petit nombre d'élus les a fait considérer comme les « francs-maçons » de l'islam. Mais ils sont souvent vus comme hérétiques par les musulmans sunnites, et même chiites.

Le **soufisme**, dont le nom provient sans doute de l'étoffe de laine blanche (« souf ») que portaient ses premiers adeptes, est la doctrine ésotérique de l'islam. S'appuyant sur deux versets coraniques qui évoquent l'amour de Dieu (III, 31 et V, 54), les soufis estiment que le dialogue entre le cœur du mystique et Dieu conduit à l'anéantissement de la conscience personnelle et à l'identification avec Dieu, prouvant l'unicité du monde. Apparus dès le VIIIème siècle dans les régions de Koufa et Bassorah, ses adeptes, appelés « fakirs » ou « derviches », appartiennent à une confrérie qui porte le nom de son fondateur et sont dirigées par un cheikh qui enseigne à ses disciples le sens caché du coran et des rites sous formes de chants et de danses, mais surtout le dikhr, invocation du nom de Dieu. Ces confréries, très anciennes en Irak, comme la Qadiriyya et la Naqshbandiyya, traditionnellement opposées au pouvoir en place, sont entrées en résistance dès 2003. Le soufisme est souvent associé au culte des saints, ce qui le rend suspect aux musulmans en particulier wahhabites, qui les combattent comme hérétiques avec beaucoup de détermination. Plusieurs cheikhs soufis ont été également assassinés en Syrie par les islamistes djihadistes.

C'est de la branche des duodécimains, aussi appelée imamite, que sont issus les **Alaouites**, minorité chiite apparue au Xème siècle, à laquelle appartient le président syrien Bachar El Assad, comme 2 millions 200 000 de ses compatriotes, vivant surtout dans le Nord Ouest de la Syrie, 400 000 habitant en Turquie et 100 000 environ au Liban. Gnose chiite élaborée en Irak aux Xème et XIème siècles, elle soutient l'idée qu'Ali serait une émanation divine et adopte le principe de la métempsychose* ou transmigration des âmes. Les alaouites sont aussi appelés Nosayrites du nom du fondateur de la secte, Mohamed Ibn Nusayr Al Namiri, mort en 884, et qui aurait reçu des révélations du onzième imam. Un de ses successeurs, Al Tarabani, originaire d'Alep, convertit dans les années 1035 les paysans de la montagne proche, appelée depuis Djebel alaouite. La religion alaouite, qui a subi des influences néoplatoniciennes (Dieu est une entité abstraite dont émanent l'ensemble des autres créatures), chrétiennes (dont elle célèbre les fêtes de Noël et l'Epiphanie), iraniennes entre autres, n'en demeure pas moins fondamentalement musulmane et chiite en particulier. Elle est une interprétation ésotérique du Coran fondée sur l'enseignement secret des imams, et transmise secrètement aux jeunes hommes jugés, à partir de 18 ans, aptes à mémoriser et comprendre un certain nombre de textes. L'initiation progressive, cycle par cycle et de réincarnation en réincarnation, permet à l'âme de se débarrasser de son enveloppe corporelle et de se rapprocher de la lumière divine. Les alaouites pratiquent le ramadan et célèbrent l'Achoura en souvenir d'Hussein, comme l'Aid El-Seghir, mais ont aussi une dévotion pour le culte des saints. Pour la majorité des théologiens sunnites, les alaouites sont des hérétiques.

Considérés comme des mécréants par les djihadistes de l'Etat islamique, les 5 ou 600 000 **Yézidis**, qui vivent pour l'essentiel dans la plaine de Ninive et au sud du Kurdistan irakien, et parlent un dialecte dérivé du kurde, sont un peuple multimillénaire qui tire ses racines de l'ancienne Mésopotamie : ils font remonter leur calendrier religieux à 6765 années en 2015. Leurs croyances remontent aux prémices de l'islam, dont ils adoptent le monothéisme, et mêlent plusieurs influences, iraniennes en particulier, dont le mot yazad qui signifierait ange. Le yézidisme ou religion des sept anges, dont Malek Taous, « l'ange paon », assimilé par les sunnites à Satan, est considéré par ses pratiquants comme une survivance du mithraïsme iranien, également appelé mazdéisme*. Malgré l'existence de livres saints, la transmission orale occupe une place essentielle. Le yézidisme, comme le zoroastrisme*, serait une survivance de l'ancienne religion des Mèdes, dans laquelle Dieu est tout puissant et a un serviteur Mithra, qui est une divinité solaire, tout comme l'ange paon. Elle est amendée au XIIème siècle par le maître soufi* Cheikh Adi, installé à Lalesh, lieu de pèlerinage des Yézidis, qui prient 5 fois par jour, comme les Musulmans mais aussi les zoroastriens. Ils pratiquent le sacrifice du taureau, comme dans l'ancienne religion de Mithra, et vénèrent le serpent noir, représenté à l'entrée de leur temple à Lalesh. La société yézidie est organisée en castes hiérarchisées, du Prince aux mourides en passant par les cheikhs, et qui interdisent les mariages entre elles. Ils seraient 150 000 en Syrie, surtout au Nord-est, à la frontière irakienne. A Sindjar, 500 Yézidis ont été massacrés par l'E.I.L comme adorateurs du diable, 20 à 30 000 fuyants dans les montagnes défendues par les peshmergas (combattants) kurdes.

Sur ces terres orientales qui ont vu naître le christianisme, la nouvelle religion est solidement implantée, dès le IIIème siècle, en Asie Mineure, Syrie, Palestine et au cœur de la Mésopotamie, s'affirmant avec éclat dans les grandes villes, Antioche, Ephèse, Jérusalem et Alexandrie. Mais très vite, les querelles christologiques portant sur la nature, divine et, (ou) humaine du Christ, divisent les chrétiens, et après le concile de Chalcédoine en 451, cinq églises, dites « orthodoxes », se séparent de Rome. Entre le XVIème et le XVIIIème siècles, une partie de leurs fidèles se rapprochent de Rome tout en conservant leurs rites liturgiques : ce sont les églises uniates. Aussi les **chrétiens orientaux** (1 million et demi de catholiques environ, et 8 millions d'orthodoxes, dont 6 à 7 millions de coptes en Egypte), sont-ils éparpillés aujourd'hui entre 11 églises, qui ont chacune à leur tête un patriarche. La question, pour beaucoup d'entre elles, est aujourd'hui celle de leur survie, dans un environnement de plus en plus franchement hostile. Déjà en 1923, s'était posée la question des chrétiens assyriens expulsés de Turquie, puis en 1933 en Irak, avait eu lieu un véritable pogrom de l'armée irakienne dirigée par un général kurde, sur les Assyriens. Après la guerre Iran-Irak, leur situation va empirer, ils sont accusés par les Kurdes de ne pas avoir participé aux affrontements avec le pouvoir, et par les chiites d'avoir pactisé avec Saddam Hussein. Mais c'est surtout après l'intervention américaine de 2003 que leur situation devient intenable : on les traite de « suppôt des Américains », de renégats, d'athées, on les rançonne, et on pille leurs magasins, sinon on agresse leurs femmes, parce qu'elles ne sont pas voilées, comme à Bassorah, vidée de sa minorité chrétienne, ou à Bagdad, qui comptait 50 églises et couvents, détruits pour la plupart aujourd'hui. La prise d'assaut de la cathédrale syriaque* catholique par des adolescents surarmés et qui se sont fait exploser à l'arrivée des Américains, fait 58 morts, dont deux prêtres, le dimanche 31 octobre 2010. La conquête de Mossoul par l'E.I.L le 9 juin 2014, fut le coup de grâce pour les 10 000 chrétiens qui y résidaient encore, tous expulsés après avoir été dépouillés de tous leurs biens, mais gardant la vie sauve, contrairement aux Yézidis, massacrés, comme les chiites. Venant des villages chrétiens de la plaine de Ninive, ce sont 90 000 réfugiés qui envahissent Aïnkawa, le faubourg chrétien d'Erbil, capitale du Kurdistan. Ils ont perdu leur statut de « dhimmis », citoyens de condition inférieure mais autorisés à pratiquer leur culte, prolongement du système des « millet » (nations) de l'empire ottoman.

Les chrétiens, qui représentaient 20% de la population irakienne en 1932 et étaient un million avant l'offensive américaine, ne seraient plus que 300 000 environ, soit moins d'1% de la population de l'Irak, avec 271 000 catholiques, répartis entre les Eglises chaldéenne* (234 000), syrienne catholique* (33 000), arménienne* (3300), et grecque* (400), et 77 000 orthodoxes* répartis entre 5 Eglises, assyrienne* (52 000), jacobite* (22 000), copte* (1 000), grecque et arménienne*.

En Syrie, avant le début de la guerre civile, les Chrétiens représentaient un total de près de deux millions de personnes, soit près de 8% de la population. Aujourd'hui, avec des centaines de milliers de logements détruits, en particulier à Alep, et des millions de déplacés, la Syrie ne compterait plus que 923 000 fidèles, divisés là encore entre orthodoxes (715 000) et catholiques (environ 208 000). Les orthodoxes appartiennent majoritairement à l'Eglise grecque* (483 000), puis arménienne apostolique* (130 000), ensuite à l'Eglise syrienne jacobite* (86 000) puis à l'Eglise assyrienne*.

Les **catholiques sont divisés en cinq Eglises**, grecque (130 000), maronite* (27 000), arménienne catholique (24 000), syrienne catholique (21 500) et chaldéenne* (6400).

Les djihadistes, à Deir Ez Zor, ont dynamité, le 22 septembre 2014, le mausolée du Mémorial arménien du génocide ottoman. Ils transforment les églises en prisons et chassent les moines de couvents, dont certains dataient du IVème siècle, et étaient classés au patrimoine mondial de l'UNESCO, comme dans le massif calcaire au Nord de la Syrie. Le défi pour les chrétiens est de ne pas être des citoyens de seconde zone et de pouvoir continuer à coexister en paix avec les musulmans, mais la plupart de ceux qui le peuvent ont pris le parti d'émigrer, au moins au Liban voisin, sinon en Europe, en Amérique ou en Australie. Toutes ces communautés chrétiennes sont en voie de marginalisation, sinon de disparition, comme les mandéens, manichéens* de langue araméenne qui croient en un dualisme entre le monde des ténèbres et celui de la lumière, mais sont aussi des disciples de Saint Jean Baptiste par leur rituel de baptême dans les eaux vives. Seuls 5500 d'entre eux vivraient toujours en Irak contre 45 000 en 2003. Ou comme les 75 000 kakaïs, vivant majoritairement dans le Kurdistan irakien, qui révèrent l'imam Ali mais croient en la réincarnation, et dont les djihadistes, qui les jugent hérétiques, ont détruit trois de leurs temples. Ils seraient un million à travers le monde, mais difficilement identifiables, longtemps présentés comme des musulmans. Ils n'existeront bientôt plus qu'à l'état de souvenir…

* mots définis dans le glossaire

Dominique Mattei

Dès les premiers temps de l'Islam conquérant, les auteurs musulmans utilisent plusieurs critères de différenciation les deux espaces. Selon la descendance des fils de Noé, les Arabes sont les héritiers de Sem (le plus important), tandis que *Rums* (Byzantins) et *Ifrandj* (Francs) sont ceux de Japhet, comme les Turcs et les Perses.

Dans la géographie des climats, l'Islam occupe le quatrième, en position centrale, les Francs et les *Rums* étant en marge de celui-ci. Ajoutons à cela le fait que le droit musulman distingue les « pays d'Islam » (*dar al-Islam*) des « pays de la guerre » (*dar al-harb*) qui sont à conquérir par le *djihâd* (le « combat sacré », selon A. Morabia), seule forme de conflit admise par le droit musulman, à quoi s'ajoutent les « pays de trêve » soumis à un tribut, comme le sont les communautés d'infidèles (*kuffâr*) dominées mais protégées grâce au statut de *dhimmî*.

On voit ainsi que l'Orient musulman s'estime être dans une position supérieure à celle de l'Occident : « l'Islam domine et ne peut être dominé ».

On comprend comment les entreprises occidentales ont pu être ressenties, notamment les occupations territoriales. Toutefois, les combats contre les Francs, dans une portion restreinte du monde musulman, ne constituent pas la principale préoccupation des auteurs contemporains, témoignage d'une certaine condescendance à l'égard de brutes et d'ignorants.

Le souvenir des croisades est pourtant réactivé constamment dans l'historiographie musulmane, pour dénoncer le caractère agressif de l'Occident, agi par des motifs purement matériels et non par des valeurs religieuses. Les gouvernements du Moyen-Orient participent du même processus historique continu : le 800ᵉ anniversaire de la bataille d'Hattin est célébré en 1987 par la Syrie à des fins nationalistes. Cette idéologisation de l'Histoire est présente chez les auteurs islamistes, pour appeler les musulmans à se rassembler sur la base du Coran et former une seule *Umma* (communauté).

Frédéric Stévenot

11 - Opposition démocratique syrienne

Quelle est la réalité de la rébellion démocratique en Syrie ?

Le conflit en Syrie n'a pas tout de suite été qualifié de "guerre". Il s'agit d'abord d'une contestation populaire pacifique, réclamant la disparition d'un régime discrédité par son autoritarisme. Mais la réponse du pouvoir fut si violente que, dès le printemps 2011, des actions meurtrières eurent lieu contre les forces de l'ordre et l'armée. Elles furent le fait de groupes armés constitués d'officiers et de soldats ayant fait défection, de miliciens armés avant le conflit pour protéger leurs communautés confessionnelles ou de civils, équipés grâce aux armes volées dans des stocks militaires, prises aux soldats loyalistes lors d'embuscades ou amenées par les soldats déserteurs, souvent des appelés ayant fui à l'occasion d'une permission.

Ces groupes de combat ont en commun leur opposition au régime, mais leurs idéologies vont du laïcisme convaincu à modéré, à l'islamisme modéré à convaincu. En leur sein même, les sensibilités peuvent varier, et tout au long du conflit, leur composition change constamment, ainsi que leur rattachement aux diverses tendances de la rébellion, nationalistes démocrates et islamistes modérés, qui arrivent souvent à s'entendre, et islamistes djihadistes, qui rejettent les autres courants). Le chaos s'aggravant d'année en année, on constate désormais des ententes locales entre les plus modérés et les plus extrêmes des groupements de l'opposition, dans le cadre d'actions armées concertées.

L'ASL ou armée syrienne libre naît de la volonté d'unifier à l'échelle de la Syrie les groupes rebelles réclamant la fondation d'une société démocratique après la guerre, dans laquelle seraient assurés les droits des individus, notamment en matière religieuse. Un autre axe idéologique de l'ASL est celui du nationalisme arabe, courant développé au début du XXe siècle, qui a conduit l'Arabie Saoudite à l'indépendance à l'égard de l'Empire turc ottoman. Il devait aussi permettre la création d'une grande Syrie, finalement mise en pièce par les mandats de la SDN, qui donnèrent à la France et au Royaume-Uni le contrôle de la région dans les années 1920, jusqu'au lendemain de la seconde guerre mondiale. Alors, le nationalisme arabe reprit de la vigueur et fut au fondement de la construction des États arabes au Moyen-Orient, qui se réunirent dans la Ligue arabe.

L'ASL n'est pas une armée créée de toutes pièces mais une tentative de réunion, portée par des personnalités, des éléments militarisés, d'obédience nationaliste et/ou démocratique, formés à partir du printemps 2011. Ces éléments se sont eux-mêmes formés autour de personnalités, rassemblant soutiens personnels et partisans idéologiques. On parle de wilaya ou brigade, terme repris pour désigner les constituantes de l'ASL. Mais il ne s'agit pas d'unités uniformes (effectifs, armements), plutôt de petites armées constituées en fonction des circonstances, avec les moyens du bord, qui décident à un moment de s'unir dans une grande armée (l'ASL), sans pour autant renoncer à leur autonomie. En fait, on constate une dynamique contradictoire au sein de l'ASL entre le commandement, basé en partie à l'extérieur, qui essaye d'unifier le fonctionnement de l'ensemble, et les brigades combattantes sur le terrain, qui adhèrent à l'ASL car c'est une source d'argent et d'armement, mais souhaitent bien souvent garder un maximum d'autonomie.

Le nationalisme arabe, prenant modèle sur celui des Etats nations européens, utilisa l'armée comme ciment d'un régime multiconfessionnel – d'où le nombre important de militaires membres de l'ASL, qui revendiquent cette multiconfessionnalité en voulant la démocratiser davantage. Si le régime en place a son origine dans l'armée, le père de Bachar étant lui-même général, on lui reproche d'avoir suivi une évolution népotiste, c'est à dire de servir le pouvoir d'une seule famille, de ses proches et alliés et plus largement de la communauté confessionnelle minoritaire, les Alaouites, à laquelle appartiennent les Assad. De la même façon, les mouvements islamistes sont uniconfessionnels – sunnites ou chiites principalement. A l'inverse l'ASL se targue, par son esprit nationaliste et démocratique – et même si elle compte une nette majorité de sunnites (70% de la population syrienne, la proportion est donc logique) – de ne pas limiter ses effectifs à la confession majoritaire, contrairement à ce que beaucoup lui reprochent, mais de rassembler des combattants de toutes les religions (Chrétiens, Musulmans de toutes appartenances) et de tous les peuples (Kurdes, Assyriens, Druzes).

C'est cet aspect unificateur et pluriel de l'ASL qui a conduit les régimes occidentaux, en particulier les États-Unis, la France, le Royaume-Uni ou encore l'Italie, à la soutenir, en la qualifiant de « rébellion démocratique ». Ce terme est en opposition aux autres tendances de la rébellion, dont ils craignent la volonté d'instaurer une société basée sur les lois coraniques. Les soutiens occidentaux sont surtout politiques et diplomatiques, même si depuis 2013, des transferts d'argent et des fournitures de matériels militaires ont lieu. L'armée des Etats-Unis a essayé d'entraîner des membres de l'ASL cette même année en Jordanie. Mais les principaux fournisseurs de l'ASL demeurent la Turquie, le Qatar, l'Arabie Saoudite et les EAU; ces pays accueillent d'ailleurs une partie des institutions de l'opposition en exil. Ce soutien de pays arabes sunnites est un autre argument pour critiquer l'aspect qui serait en réalité confessionnel de l'ASL, caché derrière une façade pluraliste.

L'ASL est fondée le 29 juillet 2011 par un groupe de militaires ayant fait défection, qui placent à leur tête un ex colonel de l'armée syrienne, Riyad al Assad. Le 23 septembre de la même année, le groupe fusionne avec le MOL (Mouvement des officiers libres) et devient ainsi le principal groupe armé d'opposition à Bachar el Assad. Cette union montre la rupture entre l'ASL et les islamistes; elle fait suite en effet au refus du chef du MOL de s'entendre avec les Frères Musulmans, mouvement religieux sunnite comptant beaucoup de membres dans les rangs du soulèvement à Bachar el Assad et appelé à jouer un rôle important dans la constitution des groupes rebelles.

Parallèlement se constitue en dehors du pays, à l'appel d'un collectif de personnalités politiques et d'intellectuels syriens, un Conseil National Syrien dont l'objectif est de préparer l'après El Assad en assurant une représentation politique à tous les groupes de l'opposition. L'ASL reconnait l'autorité du CNS dès le 29 novembre 2011, ce qui renforce sa légitimité. Le fait qu'à ce moment, le président du CNS insiste sur le caractère de protection civile que doit conserver l'ASL, montre l'aspect encore consensuel et modéré de cette frange de l'opposition, qui veut à tout prix éviter la guerre civile. Début 2012, la création de la Coalition des forces nationales de l'opposition et de la révolution va aussi dans le sens d'une harmonisation des différentes tendances de la rébellion. Le CNS y adhère rapidement et y acquiert une influence prépondérante, de telle sorte qu'à partir de cette époque on parle de Coalition nationale syrienne (contraction de la nouvelle Coalition élargie avec l'ancien Conseil National Syrien). Mais c'est sans compter sur les logiques jusqu'auboutistes du régime syrien et des groupes islamistes, qui se nourrissent de la colère provoquée par une répression toujours plus sanglante, à laquelle répondent des représailles toujours plus meurtrières.

Au sein même du nouveau CNS ou CNFOR, les observateurs occidentaux critiquent la montée en puissance des islamistes, notamment le courant des frères musulmans, dynamique qui hypothèque un soutien efficace des puissances démocratiques.

Début 2012, comptant approximativement 40 000 hommes, l'ASL apparaît non seulement comme la faction de l'opposition la plus puissante mais aussi la plus légitime, grâce à son lien avec le CNS. Ce lien est renforcé par la décision que prend le CNS, au printemps 2012, de payer les salaires des officiers et soldats de l'ASL. De plus, l'ASL se dote d'un commandement conjoint rassemblant les chefs de brigades de dix des quatorze gouvernorats syriens (régions). Cependant, apparaissent déjà des divisions fortes, donnant lieu à des démissions, des changements de camps ou même des scissions. Par exemple, en février 2012, un général quitte le commandement de l'ASL pour fonder le Haut Conseil militaire et révolutionnaire. Des tensions existent entre l'ASL de l'extérieur, essentiellement des officiers généraux réfugiés en Turquie, et l'ASL de l'intérieur, qui dispose de son propre commandement, installé dans le nord du pays et refuse de plus en plus de recevoir des ordres de l'extérieur. La crainte est celle d'une confiscation de la révolution populaire par une élite bourgeoise qu'incarnent les généraux déserteurs ou les personnalités politiques, intellectuelles et/ou religieuses présentes dans la Coalition Nationale Syrienne.

Le souhait des Occidentaux de soutenir un camp clairement défini autour de l'opposition à Bachar el Assad et la volonté d'instaurer une société des droits démocratiques, se heurte à cette réalité complexe et changeante. Une bonne traduction de ce problème est celle de l'évolution des effectifs de l'ASL, sur laquelle aucun analyste n'est capable de fournir des estimations précises et concordantes. D'une manière générale, jusqu'au printemps 2013, ces effectifs ont tendance à grossir, jusqu'à atteindre 140 000 hommes, et l'ASL est présente dans la plupart des régions syriennes, sinon en position de force (Homs, Hama, Alep, Deraa), du moins en capacité de résister à la reconquête gouvernementale. Mais à partir de 2013, les effectifs connaissent une diminution sensible, en raison de défections de plus en plus nombreuses en faveur de groupes armés plus radicaux, islamistes modérés ou fanatiques, dont l'horizon s'étend du Front islamique (coalition d'islamistes modérés) au Front Al Nosra et à l'État Islamique (islamistes fondamentalistes).

Ainsi, en janvier 2014, les effectifs seraient tombés à 20 000 hommes, puis se seraient en partie reconstitués au cours de 2015, jusqu'à atteindre les 45 000 hommes en décembre. Mais à cette date, les zones contrôlées principalement par l'ASL sont réduites à peau de chagrin : seul le gouvernorat de Sadaa dans le sud du pays est encore sous leur contrôle (25 000 hommes), tandis que partout ailleurs, leurs troupes (20 000 hommes dispersés) ont perdu l'essentiel du terrain conquis entre 2011 et 2013, soit au profit du gouvernement qui retrouve beaucoup de vigueur depuis qu'il est massivement soutenu par les Russes, soit au profit des brigades islamistes, qu'elles soient modérées ou radicales. Depuis 2013 en effet, l'ASL est engagée sur un deuxième front militaire et idéologique, combattant les islamistes radicaux tels que le Front al Nosra. Depuis 2014, le principal danger est désormais celui de l'État Islamique, à l'origine de la perte de nombreux territoires tenus par la rébellion démocratique. Finalement, de première force armée d'opposition, l'ASL apparaît aujourd'hui comme celle la moins puissante.

Les raisons qu'on peut avancer à cet affaiblissement sont multiples : les querelles de personnes et rivalités de pouvoir au sein d'une opposition au régime jamais structurée avant la guerre, en raison du caractère autoritaire du régime; la brutalisation de la guerre d'année en année, qui pousse les rebelles vers des groupes armés plus radicaux ou à la scission d'avec l'organisation mère pour constituer de nouveaux groupes; les difficultés de coordination entre la représentation politique extérieure, le CNS et l'état-major de l'ASL basé à l'étranger et le bras armé de l'opposition démocratique dans le pays, dite ASL de l'intérieur; l'acceptation ou le rejet du soutien des pays occidentaux, par crainte d'un néo-colonialisme qui après guerre reconstruirait, non pas un véritable état syrien, mais un "modèle" de démocratie à l'occidentale, dont on connait les difficultés dans des pays comme l'Afghanistan ou l'Irak.

On ne saurait sous-estimer le rôle tenus par les bombardements russes depuis septembre 2015 dans l'affaiblissement de la rébellion, qu'elle soit de tendance démocratique, islamiste modérée ou radicale – à l'exception notable de l'État Islamique, pour l'instant peu impacté. Parallèlement, le camp d'El Assad est reparti à l'offensive et a emporté, au début de février 2016, une bataille de grande valeur stratégique et symbolique à Alep, bastion pour ne pas dire capitale de la rébellion démocratique depuis le début de la guerre civile. Coupée de ses sources d'approvisionnement en Turquie suite à cette défaite, l'ASL y survivra-t-elle ? Se laissera-t-elle absorber par les factions armées islamistes, de plus en plus puissantes à son détriment ? Rendra-t-elle finalement les armes à un pouvoir qui retrouve de la vigueur en profitant de l'épuisement du pays et de sa population après cinq ans de guerre ?

Jean-Baptiste Veber

12 - D'Al-Qaïda à Al-Nosra et AQPA

Les origines de l'islamisme radical

" L'islamisme radical puise ses racines dans le désenchantement provoqué par la première guerre mondiale. Le démantèlement de l'empire ottoman, l'abolition du califat, la domination occidentale et la montée en puissance de nouvelles formes de socialisation ont engendré un véritable désarroi dans certains milieux musulmans. Pour sortir de la 'crise' les promoteurs de cette idéologie prétendent offrir aux croyants en désarroi une 'réponse' globale ... Daech reproduit des schémas connus depuis le haut Moyen Âge, des schémas messianiques qui veulent rétablir l'unité originelle de la communauté musulmane, revivifier le califat, conquérir le monde et appliquer la charia... cette unité qui n'a existé qu'entre 661 et 750 sous l'empire omeyyade... Hassan Al-Banna formule en 1930 la doctrine des Frères musulmans " l'islam est la solution " ... face à la répression de Nasser, Sayyit Qutb théorise en 1966 le djihad comme la voie pour restaurer le véritable islam dans un monde (re)tombée dans la mécréance... Abou Bakr Naji rédige en 2002 De l'administration de la sauvagerie qui est le plan stratégique de conquête du califat… l'EI applique à la lettre les préceptes de ce guide : la création du chaos par la démoralisation et l'administration de la sauvagerie (massacres, crucifixion,…) d'où émergera la victoire ultime (Dabiq) des 'vrais croyants'… La jurisprudence du sang d'Abou Abdallah al-Mouhajir l'ancien chef d'AQI… " écrit Nabil Mouline.

"Al-Qaïda a inventé le djihad global, mondial qui déconnecte le djihad d'un territoire et d'une population" écrit Jean-Pierre Filiu. L'EI vise l'Occident et ses vassaux en refusant le tafkir (excommunication). Alors qu'Al-Qaïda refusait la fitna, l'EI innove avec le djihad 'glo-cal', à la fois lutte tafkir fratricide contre les hérétiques musulmans 'de l'intérieur du Dar al-Islam et prétention à défaire les Croisés (occidentaux) du Dar al-Harb. Quand Al-Qaïda était resté sur un modèle 'top down' télévisuel, l'EI investit les réseaux sociaux par une propagande Djihad 2.0.

Front Al-Nosra

<u>Synthèse</u>
Le Front Al-Nosra, en arabe Jabhat an-Nosra, est une organisation islamiste sunnite affiliée à Al-Qaïda. Se désignant également à partir de

novembre 2013 comme Al-Qaïda au pays du Sham, l'organisation, dirigée par Abou Mohammad Al-Joulani, est active en Irak, en Syrie.

<u>Origine</u>

Le Front s'est constitué, par scission de l'Etat islamique en Irak dirigé par Abou Bakr al-Baghdadi qui avait tenté de l'annexer le 9 avril 2013 au sein de l' « État islamique en Irak et au Levant » (EIIL). Al-Nosra fit allégeance à Ayman al-Zawahiri, émir d'Al-Qaïda. En juin 2013, le chef d'Al-Qaïda, Ayman al-Zaouahiri invalide « l'État islamique en Irak et au Levant », proclamé en avril par le chef de l'EIIL, Abou Bakr al-Baghdadi, et affirme que « le Front Al-Nosra au Levant est une branche indépendante d'Al-Qaïda ». Il demande à l'EIIL de renoncer à ses prétentions sur la Syrie. Mais à son tour, al-Baghdadi rejette les déclarations d'al-Zawahiri. Le divorce entre EIIL et Al-Qaïda/Al-Nosra est consommé. La répartition des rôles Etat islamique en Irak et Al-Nosra en Syrie, voulue par Al-Qaïda est caduque, les deux organisations entrent en concurrence frontale par des combats 'fratricides' pour la conquête d'espace de domination en Irak et en Syrie.

<u>Zone d'influence</u>

6 janvier 2014, Le Front Al-Nosra tente en vain de prendre Racca (Irak) à l'EI. Avril 2014, l'EI chasse le Front Al-Nosra, le Front islamique et l'ASL du gouvernorat de Deir ez-Zor. Mars-avril 2014, revers face au Hezbollah et au régime syrien à Yabroud et Rankous avec la perte d'une base arrière qui lui permettait de se ravitailler au Liban. 29 juin 2014, Al-Nosra rejette la proclamation de la restauration du califat par l'EI et annonce son intention de créer un « un émirat au Levant », intention non concrétisée. Chassé de l'Est de la Syrie, le Front Al-Nosra prend le contrôle du gouvernorat d'Idleb au nord-ouest en sortant victorieux de combats avec l'armée syrienne et des rebelles du Front révolutionnaire syrien. Le 6 mars 2015 la presse annonce que Abou Hammam al-Souri, ancien chef militaire du Front Al-Nosra, aurait été tué le 3 ou le 5 mars par une frappe de l'aviation syrienne à Salkine, dans la province d'Idlib. Le 24 mars 2015, le Front Al-Nosra, Ahrar al-Sham et d'autres groupes rebelles se rassemblent dans une alliance appelée l'Armée de la conquête, forte d'environ 30 000 hommes, soutenue par l'Arabie saoudite, le Qatar et la Turquie, alliance active principalement dans le gouvernorat d'Idleb. Al-Nosra dispose également de positions dans la Ghouta occidentale (sud de Damas) et sur la ligne du Golan, où le Front entretien des relations non hostiles avec

Israël cf. chap. 17 . Le 2 juillet 2015, le Front Al-Nosra forme avec 13 autres groupes djihadistes — dont Ahrar al-Sham et le Front Ansar Dine — une nouvelle coalition baptisée Ansar al-Charia, active dans le gouvernorat d'Alep.

Idéologie

Le Front Al-Nosra prône un califat reposant sur les lois de la charia, qualifiant la démocratie de « religion des impies ». Le Front Al-Nosra par une interview de Al-Joulani le 4 juin 2015 à la chaîne Al-Jazeera atteste de l'irréconciliabilité entre elle et l'EI et prend ses distances par rapport à l'extrémisme de l'EI affirmant qu'Ayman al-Zaouahiri a donné des ordres pour ne pas lancer d'attaque contre l'Occident depuis la Syrie mais le Front Al-Nosra revendique depuis novembre 2011, plus de 1000 attaques, dont plus de 200 attentats-suicides dans les principales villes de Syrie Le groupe est désigné comme terroriste par les Etats-Unis (dec. 2012) l'ONU (mai 2013), de nombreux pays occidentaux, Russie et Turquie.

Financement et soutiens

Le financement d'Al-Nosra est assuré par des ressources propres (en novembre 2013, le Front Al-Nosra s'est emparé en 2013 du champ pétrolier Al-Omar mais en fut chassé par l'EI en 06/14, et de subsides provenant de mécènes qataris et saoudiens et du soutien de la Turquie, ces pays faisant de la chute du régime alaouite aligné sur l'Iran, leur priorité.

<u>Capacité militaire</u>
Le Front Al-Nosra est fort de 10 à 15 000 miliciens.

Al-Qaïda dans la péninsule Arabique (AQPA)

Bien que hors champ géographique de l'objet du présent ouvrage, il faut ici citer l'activité Al-Qaïda dans la péninsule Arabique (AQPA), une organisation terroriste salafiste djihadiste, formé des miliciens d'Al-Qaïda expulsés d'Arabie saoudite active principalement au Yémen et en Arabie saoudite. L'organisation qui publie le magazine anglophone Inspire de propagande vers l'Europe a notamment revendiqué l'attentat commis à Paris contre le journal Charlie Hebdo le 7 janvier 2015. Nombre de ses cadres ont été abattus par des drones mais AQPA reste actif dans la guerre du civile au Yemen constituant une menace directe pour l'Arabie Saoudite et les monarchies du Golfe.

Christophe Stener

13 - Etat islamiste / Daech

Synthèse

L'Etat islamique en Irak et au Levant (EIIL/EI) s'est formé par scission puis opposition à Al-Nosra la branche irakienne d'Al-Qaïda cf. chap.12. Peuplé de miliciens islamistes sunnites irakiens rapidement rejoints par des combattants syriens et par de nombreuses recrues étrangères, l'EI est dirigé par d'anciens cadres et militaires du régime de Saddam Hussein et de vétérans du djihad afghan dont de nombreux transfuges d'Al-Nosra. La Blitzkrieg conduite par l'EI à l'été 2014 et la proclamation du califat le 29 juin 2014 a surpris le monde entier mais son expansion rapide prend racine sur la volonté de revanche de la minorité sunnite opprimée par le gouvernement chiite de Bagdad depuis la chute de Saddam Hussein en 2003. L'EI occupe à fin 2015 un espace pour partie désertique entre la Syrie et l'Irak mais aussi des puits de pétrole et de grandes villes (Mossoul, Racca, Deir ez-Zor). L'EI fait face à deux coalitions militaires. cf. chap. 16

Sémantique

L'emploi des termes Etat Islamique en Irak et au Levant / Etat Islamique ou Daech / Daesh, acronyme du nom arabe de l'EIIL, n'est pas neutre. Laurent Fabius, ministre français des Affaires étrangères, déclare le 18 septembre 2014 à l'Assemblée nationale : « Je vous demande de ne plus utiliser le terme d'État islamique, car cela occasionne une confusion entre islam, islamistes et musulmans. Il s'agit de ce que les Arabes appellent Daesh et que j'appellerai pour ma part les égorgeurs de Daesh ». Les États-Unis continuent d'utiliser les acronymes ISIS ou ISIL et, parfois, depuis les attentats du Bataclan, Daesh. L'EI rejette l'emploi de l'acronyme Daesh qui ressemble au mot arabe daes (« celui qui écrase du pied ») et dahes (« celui qui sonne la discorde ») en référence à la guerre de Dahis et El Ghabra du VIIe siècle. Certains médias utilisent l'expression Organisation Etat Islamique.

L'EI, schismatique et rival d'Al-Nosra

En 2006, Al-Qaïda en Irak forme avec cinq autres groupes djihadistes le Conseil consultatif des moudjahidines en Irak qui proclame le 13 octobre 2006, l'État islamique d'Irak (EEI). En 2012, l'EII

commence à s'étendre en Syrie et le 9 avril 2013,
devient l'État islamique en Irak et au Levant (EIIL)
pour marquer le rejet de la séparation nationale.
Initialement liés, Al-Nosra et Daech sont devenus
rivaux. cf. chap.12

L'alliance de miliciens islamistes et de cadres baasistes

Nombre de cadres du futur EI se sont rencontrés et
ligués à l'occasion de leur détention commune au
sein de la prison américaine de Camp Bucca.
Islamistes et cadres baasistes, mis au chômage
dans le cadre de l'épuration massive conduite par
l'administration chiite mise en place par les
autorités américaines d'occupation en 2003, ont fait
cause commune. Les tribus sunnites de l'Est et du
Nord irakien ont ensuite rejoint la rébellion islamiste
facilitant la conquête de Mossoul et Racca. cf. chap. 7

Références historiques du califat et de l'EI

L'EI rejette la séparation nationale de l'Irak et de la
Syrie organisée par les puissances alliés lors du
démantèlement de l'Empire ottoman par l'accord
Sykes-Picot de 1916. La proclamation d'un
nouveau Califat prétend reprendre la filiation des
califats instaurés au VIIe siècle à la mort du

Prophète et jusqu'à l'abolition du califat ottoman en 1920. Ibrahim Awad Ibrahim Ali al-Badri qui s'autoproclame Calife Ibrahim sous le nom d'Abou Bakr al-Baghdadi al-Husseini al-Qurashi. Ce nom d'invention n'est pas neutre. Abou Bakr revendique ainsi la filiation avec le premier des califes dits Rachidun (biens guidés); al-Baghdadi désigne son origine géographique, al-Husseini fair référence au petit-fils du Prophète Mahomet, al-Qurashi revendique une appartenance au clan dont est originaire le Prophète.

Idéologie et stratégie de conquête

L'EI est un mouvement salafiste djihadiste takfiriste qui considère les musulmans n'adoptant pas leur pratique de l'islam comme des apostats méritant la mort. A la différence d'Al-Qaïda qui refuse la fitna (discorde) au sein de l'oumma, Daech fait des non musulmans non sunnites des ennemis au même titre que les mécréants. Daech accorde parfois le bénéfice de la dhimmitude aux gens du Livre (juifs et chrétiens et mazdéens) contre le paiement d'une redevance, mais pratique également la conversion forcée ou la mort. Les Yézidis chiites sont victimes d'une véritable purge ethnique (massacres, viols, mises en esclavage). cf. chap. 10

Tenant d'un salafisme intégriste, l'EI, appliquant à la lettre l'unicité de Dieu affirmée par la Chahada et le sceau de Mahomet figurant sur son étendard, détruit les monuments idolâtres : tombeaux soufis, églises chrétiennes, temples antiques, de manière spectaculaire par propagande.

L'EI applique les recommandations de l'opuscule rédigé entre 2002 et 2004 par Abu Bakr al-Naji intitulé « L'administration de la sauvagerie : l'étape la plus critique à franchir par la Oumma » qui pose les principes de la conquête *« Pour reconstituer l'unité originelle de la communauté islamique [...] les leaders djihadistes devront recourir essentiellement à trois ingrédients : la violence extrême, la bonne gestion des territoires soumis et la propagande. Terroriser les ennemis et les populations soumises serait l'un des meilleurs moyens pour conquérir des territoires et les conserver. Il serait donc licite d'employer les techniques les plus terrifiantes (massacre, enlèvement, décapitation, crucifixion, flagellation, amputation, bûcher, lapidation, etc.) pour la cause»*.

"Daech est apocalyptique" écrit Jean-Pierre Filiu. L'internationalisation du conflit est ainsi recherchée par l'EI à travers l'assassinat d'occidentaux, les violences faites aux minorités (religieuses, femmes, homosexuels...), les attentats commis en France. L'engagement direct des 'Croisés' dans les combats est perçue comme heureuse nouvelle; de même celle de la Russie, grand ennemi des djihadistes en Afghanistan et en Tchétchénie.

Ralliement des tribus sunnites

Au-delà de l'image de horde barbare publiée par Al Furqan, l'agence media de l'EI, et relayée par les médias occidentaux, les succès initiaux de l'EI de 2013 et 2014 reposent sur une planification des attaques préparées par l'espionnage et, après la conquête des villes et villages, l'élimination des cadres de l'administration chiite puis la restitution du pouvoir local à des acteurs locaux, permettant aux combattants de se redéployer sur de nouveaux objectifs. L'EI rend les clés du pouvoir local aux tribus sunnites qui lui prêtent allégeance, tribus qui avaient été humiliées depuis la chute du régime baasiste par le gouvernement chiite de Bagdad. Habilement, à Falloujah, Ramadi, Tikrit, Mossoul, l'EI restaure l'ordre public, exécute des profiteurs, améliore les services publics. Sans être accueillis en libérateurs, l'ordre islamiste semble à beaucoup préférable aux prébendes et aux oppressions policières du gouvernement de Bagdad ce qui lui assure une prise de contrôle rapide et peu coûteuse en pertes humaines de la province d'Al Anbar, la province qui un temps ralliée au nouveau pouvoir de Bagdad dans le cadre du Réveil en 2007, s'estimant dupée par la non tenue des engagements des américains et d'Al Maliki, fait sécession.

Succès et revers militaires de l'EI

L'expansion territoriale de l'EI s'est constituée principalement en 2014 et 2015 sous forme d'une Blitzkrieg qui ne s'est pas faite de manière opportuniste mais selon une planification. Les principales étapes en sont :
- rébellion des tribus sunnites en décembre 2013
- conquête Falloujah en janvier 2014
- prise de Racca en janvier 2014
- incursion de l'EI dans la province syrienne de Deir ez-Zor en mai 2014
- prise de Mossoul, du 6 au 10 juin 2014, fait tomber sous contrôle de l'EI, la seconde ville la plus peuplée d'Irak avec deux millions d'habitants, des réserves d'or et de devises, un armement considérable, des champs pétroliers

- prise de la ville de Racca, chef lieu de province syrien du 6 au 12 janvier 2014
- la ville de Ramadi est occupée après une année de combats décembre 2013 à mai 2015
- la ville de Palmyre tombe après une bataille du 13 au 21 mai 2015

Par la proclamation du Califat en juin 2014, l'EI appelle tous les autres mouvements djihadistes à lui prêter allégeance. Mossoul, devient sa capitale religieuse et Racca sa capitale politique et militaire.

L'EI conquit sans résistance sérieuse Mossoul avec l'aide de tribus sunnites et d'autres mouvements djihadistes notamment les forces de l'Armée des hommes de la Naqshbandiyya, face à la désorganisation des soldats et policiers irakiens, très supérieurs en nombre sur le papier mais abandonnés par leurs chefs. Les populations locales sunnites excédées des excès de l'armée chiite se rangèrent rapidement sous le joug de l'EI perçu comme un libérateur. L'engagement de l'EI de ne pas tenter d'occuper l'espace kurde, en particulier leur fief de Kirkouk, leur vaut la neutralité de Massoud Barzani. Racca ainsi que la ville de Tall Abyad a été gagnée à la suite de combats opposant l'EI au Front islamique allié à Al-Nosra.

Palmyre fut perdu malgré une vraie résistance de l'armée syrienne. Les Etats-Unis critiquèrent l'armée irakienne pour son manque d'ardeur à défendre Ramadi.

Depuis la période de conquête et d'apparente invincibilité de l'EI largement médiatisée, l'EI a connu des arrêts et des reculs dés 2014. Le plan initial de l'EI était de conquérir la province de Diyala puis d'attaquer Bagdad. La résistance plus forte qu'attendue des milices chiites, l'opposition des turkmènes et le revirement des kurdes, ruina cet espoir de prendre le contrôle de l'Irak. L'EI va alors consolider un espace sunnite irako-sunnite et abolir symboliquement la frontière Sykes-Picot de 1916. Cette unification de l'espace sous contrôle de l'EI conduit à la purge ethnique des Yézidis.

L'armée loyaliste syrienne défendit, avec le soutien de mercenaires iraniens et libanais, des objectifs jugés stratégiques. Elle tint ainsi l'aéroport militaire de Deir ez-Zor malgré la chute d'une partie de la ville.

Les peshmergas kurdes démontrèrent leur capacité à résister lors du siège de Kobané en juillet-septembre 2014 à un ennemi supérieur en nombre et en moyens.

2015, le début de la reconquête

31 mars 2015, Tikrit, ville symbole puisque fief de Saddam Hussein fut reprise à l'EI.
12 novembre 2015, les peshmergas kurdes s'emparent de Sinjar, coupant ainsi la route reliant Mossoul au reste des territoires sous contrôle de l'EI
28 décembre 2015 L'armée irakienne reprit la ville de Ramadi à l'EI.
Février 2016 Siège d'Alep

Le territoire sous contrôle de l'OEI a diminué de 14 % en 2015.

La situation militaire est donc mouvante marqué par une apogée des conquêtes de l'EI en 2014 et un reflux sous les coups conjugués des frappes aériennes des deux coalitions et d'une remobilisation des armées irakiennes et syriennes.

Capacité militaire de l'EI

Les forces de l'EI sont estimées entre 100 et 200 000 hommes. Certaines recrues ayant rejoint ses rangs pour des raisons alimentaires autant que doctrinales pourraient faire défection compte tenu de la baisse des soldes décidée par l'EI suite à la réduction de ses revenus par les frappes occidentales. Certaines recrues occidentales, déçues, cherchent à repartir également. L'EI cherche à dissuader ces départs par des exécutions.

L'EI disposerait de plusieurs milliers d'Humvee, de dizaines de chars lourds, de centaines de blindés légers récupérés lors de la chute de Mossoul.

Les frappes aériennes auraient tué de 10 et 20 000 combattants de Daech.

Organisation étatique

L'État islamique se définit comme un État théocratique prônant un régime basé sur une interprétation rigoureuse de la charia. Les châtiments corporels (crucifixion, amputations...) sont codifiés. L'enseignement est purgé des cours d'histoire, de philosophie et de chimie... au profit des « sciences religieuses ».

L'EI revendique les attributs d'un Etat : un gouvernement, une police, des tribunaux, la collecte l'impôt, un état civil, un projet de monnaie métal.

La réalité du pouvoir au sein de l'organisation EI est objet de débats entre experts.

Abou Bakr al-Baghdadi était en 2014-2015 secondé par deux anciens généraux irakiens : Abu Muslim al-Turkmani tué en 08/15, qui régissait les opérations en territoire irakien, et Abu Ali al-Anbari, qui s'occupait du territoire syrien, supposé tué en 2015 et qui serait en Lybie depuis novembre 2015.

Moyens financiers

L'EI revendique un budget de l'ordre de 2 milliards de dollars pour l'année 2015, avec un excédent escompté de 250 millions. Le financement du fonctionnement du pseudo Etat est assuré par le trafic de pétrole, de gaz, phosphates, ciment, céréales, ainsi que de l'impôt révolutionnaire et d'extorsions de rançons et trafic d'antiquités.

L'EI a pris le contrôle des revenus de la contrebande pétrolière qui prospère entre l'Irak et la Turquie depuis l'embargo des NU 'Pétrole contre nourriture' (1996-2003).

Les donations privées de riches arabes du Golfe représentent quelques % également. La coalition occidentale s'attache par ses frappes aériennes à appauvrir l'EI et demande à la Turquie de lutter contre les trafics transitant par son territoire.

Persécution des minorités religieuses et esclavagisme

Les chrétiens, les Turkmènes, les Shabaks et les Yézidis sont victimes d'exactions de la part de l'EI qui a rétabli le statut de dhimmi pour les seuls chrétiens, les juifs et les zoroastriens ce qui leur assure le droit de conserver leur foi sous réserve de payer le djizîa, une capitation spéciale équivalent à 250 dollars par personne. Les Yezidis sont particulièrement victimes des exactions de l'EI car considérés comme 'adorateurs du Diable'. Des centaines de civils ont été massacrés lors de l'offensive de l'EI dans le Sinjar, des milliers de femmes Yezidis ont été mises en esclavage au titre de 'butin de guerre' et vendues à l'encan. L'exode de minorités religieuses est massif.

Massacres et crimes de guerre

L'EI est accusé par l'ONU, la Ligue arabe, les États-Unis et l'Union européenne de crimes de guerre, de nettoyage ethnique et de crimes contre l'humanité. Le nombre de victimes civiles, femmes et enfants, se chiffre en dizaines de milliers. Le Président Hollande a déclaré le 8/09/15 : "les crimes de Daech sont des crimes contre l'humanité

”, appelant les États de la région à adhérer au statut de Rome, pour faire juger les auteurs des crimes devant le TPI. Le 4/02/16 Le Parlement européen a adopté une résolution sur le massacre systématique des minorités religieuses par le soi-disant groupe "EIIL/Daech". L'usage de gaz moutarde détourné de stocks de l'armée syrienne soit fabriquée artisanalement par l'EI est avérée cf. chap.2

Propagande cf. chap. 19

Exportation du conflit

L'EI recherche une extension du champ du conflit en commettant des attentats en Europe, la France étant la principale cible principal cf. chap. 21 et en recherchant l'allégeance de mouvements islamiques anciennement affiliés à Al-Qaïda, en Afghanistan, Pakistan, Lybie, Nigéria (Boko Haram), Somalie et Yémen, notamment. Les républiques musulmanes de Russie (Tchétchénie, notamment) forment un espace privilégié d'exportation du djihad ce qui est une des causes de l'engagement russe contre l'EI. La Chine s'inquiète de la présence de recrues chinoises. L'Indonésie est frappée par un attentat le 14/1/16. L'EI renforce ses effectifs autour de Syrte en Lybie en y infiltrant Abou Ali al-Anbari afin d'y créer un deuxième front avec l'Occident.

Alliés et ennemis

Si l'EI ne bénéficie du soutien d'aucun Etat, son développement a néanmoins été facilité par le blocage des initiatives occidentales par le veto de la Russie et de la Chine au Conseil de sécurité cf. chap. 19, par l'attitude complaisante de la Turquie cf. chap. 17, par le financement par des donateurs privés des pétromonarchies du Golfe et par l'afflux de recrutement de combattants étrangers.

L'EI fait face à la concurrence des autres milices islamistes et rebelles syriens et à deux coalitions internationales. cf. chap. 16

Recrutement international de djihadistes

Environ 25 à 30 000 volontaires étrangers ont rejoint les rangs de l'EI. Approximativement ⅓ du Moyen-Orient, ⅓ du Maghreb et ⅓ d'Europe occidentale et Russie, quelques centaines d'indonésiens, de nord américains, quelques Chinois.

Situation militaire au 31 janvier 2016

La situation sur le terrain étant par nature très mouvante, plutôt que de reproduire ici une carte qui serait déjà obsolète, nous renvoyons le lecteur aux sites spécialisées indiqués en bibliographie cf. chap. 2.

Christophe Stener

14 - Autres mouvements islamistes

Il existe de très nombreux groupes de miliciens islamistes syriens dont les coalitions sont mouvantes, et qui se coordonnent à travers des 'chambres d'opérations'. Seuls les principaux mouvements, actifs à fin 2015, seront cités ici.

Le Front islamique de libération syrien ou tout simplement **Front de libération syrien** est un rassemblement de groupes rebelles islamistes engagés dans la guerre civile syrienne. Formé début septembre 2012, le front comptait parmi ses rangs entre 20 000 et 40 000 combattants jusqu'à sa dissolution Le 24 septembre 2013, suite à un désaccord sur la reconnaissance de la Coalition nationale syrienne.

Le **Front islamique** est une alliance formée le 22 novembre 2013 par des brigades venues du Front islamique de libération syrien (islamistes modérés) et du Front islamique syrien (salafiste) à la suite de la dissolution de ces deux mouvements. Selon des sources diplomatiques, sa création aurait été financée par la Turquie et le Qatar. Il est également parrainé par l'Arabie saoudite. Fort de 50 000 à 80 000 hommes, le Front islamique est le plus important groupe rebelle de Syrie, devant ses rivaux de l'ASL, de l'EI et du Front Al-Nosra. Son objectif est de créer un État islamique dirigé par une choura et établir la charia comme base du droit. Il affirme que dans cet État, les minorités religieuses et ethniques seraient protégées. Il rejette la démocratie et le nationalisme kurde.

L'**Armée des Moudjahidines** formée le 3 janvier 2014 dans le gouvernorat d'Alep afin de lutter contre l'EI compterait 5 000 combattants. Elle fait partie des groupes rebelles qui forment la coalition Fatah Halab le 26 avril 2015

Le **Fatah Halab** est une coalition militaire rebelle créée le 26 avril 2015 pendant la guerre civile syrienne et active dans le gouvernorat d'Alep.

Le **Front Ansar Dine**, « Le Front des partisans de la religion », est une alliance des groupes rebelles islamistes formée le 25 juillet 2014. Allié à la fois au Front islamique et à l'État islamique, le mouvement ne prend pas partie dans le conflit qui oppose l'EI à l'ensemble des autres groupes rebelles. Le 1er mai 2015, l'une de ses composantes, l'armée des Immigrants et des Partisans désavoue de l'État islamique via un communiqué officiel, condamnant ses actions violentes envers les autres groupes rebelles, déclarant également ne pas reconnaître le Califat autoproclamé d'Abou-Bakr al-Baghdadi.

Le 2 juillet 2015, le Front Ansar Dine forme avec 13 autres groupes djihadistes — dont le Front Al-Nosra et Ahrar al-Sham — une nouvelle coalition baptisée **Ansar al-Charia**, active dans le gouvernorat d'Alep.

L'**Armée de la Conquête** (Jaish al Fatah) est une coalition militaire présente en Syrie pendant la guerre civile syrienne, qui se compose de nombreuses factions rebelles islamistes syriennes principalement actives dans le gouvernorat d'Idleb, avec certaines factions actives dans les gouvernorats de Hamaet de Lattaquié. Ce groupe a été formé le 24 mars 2015. Elle est soutenue par l'Arabie saoudite, le Qatar et la Turquie. L'Armée de conquête a pris la ville d'Idleb le 28 mars 2015, quatre jours après sa formation. Durant la Bataille de Jisr al-Choghour, l'armée a pris la ville en seulement trois jours, le 25 avril 2015

Christophe Stener

15 - Kurdes

Synthèse

Descendants des Mèdes, les Kurdes, au nombre de 30 à 40 millions, peuplent un espace s'étendant de la Turquie à la Syrie, l'Irak et l'Iran. Saladin qui reconquit Jérusalem et fonda la dynastie Ayyoubide de Syrie au XIIe siècle était kurde. Les puissances alliés organisant la division de l'empire ottoman, promirent aux kurdes par le Traité de Sèves de 1920 une autonomie mais trahirent cette promesse par le traité de Lausanne de 1923. La nostalgie de la grandeur passée et la revendication sinon d'une identité nationale, du moins d'une large autonomie, conduisent les kurdes à des luttes politiques, mais également armées, contre les pouvoirs centraux leur valant de féroces répressions en 1946 du Shah d'Iran, en 1988, de Saddam Hussein, de la Turquie kémaliste et de la Syrie baasiste. La guerre du Golfe de 1990 permit aux kurdes irakiens d'établir une zone largement autonome avec Kirkouk comme capitale régionale tandis que les kurdes syriens ont pris, depuis 2112, à la faveur de la guerre civile, le contrôle du Kurdistan syrien, Rojava en langue kurde. Les Kurdes ne prennent pas part à l'opposition au régime syrien mais défendent Rojava contre l'Etat islamique, lutte illustrée par la victoire symbolique de Kobané (09/14 - 06/15) et se veulent partie à la solution politique au conflit malgré le veto turc.

Turquie

Les autorités turques ne reconnaissant pas la dénomination de « Kurdistan » parlent de « Région de l'Anatolie du sud-est ». Le Kurdistan turc est peuplée à 60 % de Kurdes, représentant environ dix millions d'habitants sur les 12 à 15 millions de Kurdes vivent en Turquie. A noter l'importante communauté d'un million de kurdes en Allemagne, 300 000 environ en France.

Le Parti des travailleurs du Kurdistan (PKK), formé en 1978 par Abdullah Öcalan, est une organisation armée et un mouvement de guérilla. Pour Öcalan, cofondateur du PKK, emprisonné à vie, les concepts clés de ce mouvement sont la démocratie, le socialisme, l'écologie et le féminisme. Le PKK est considéré comme organisation terroriste par la Turquie, les États-Unis et l'OTAN.

Le PKK s'est allié au PYD pour combattre l'Etat islamique à compter de juillet 2014 lors de la bataille de Kobané. En raison de leur classement comme organisations terroristes, la Turquie et les États-Unis refusèrent pendant deux mois de soutenir militairement le PKK ou le PYD et d'envoyer des troupes au sol, la Turquie fermant ses frontières aux renforts de kurdes irakiens provocant de violents affrontements de protestation avec la police et des groupes islamistes. Les États-Unis prennent finalement contact avec le PYD le 16 septembre, et le 20 septembre décident de lui livrer des armes et du matériel. La Turquie quant à elle accepte pour la première fois d'ouvrir une partie de ses frontières aux peshmergas irakiens.

La Turquie demeure très préoccupée par le risque d'extension d'une zone sous contrôle kurde à sa frontière avec la Syrie alimentant l'irrédentisme des kurdes turcs.

Syrie

Le contrôle du Kurdistan syrien, Rojava en langue kurde, peuplé de deux millions de kurdes a été pris en 2012, à l'occasion de la guerre en Syrie, par le PYD et sa branche armée les YPG.

Le Parti de l'union démocratique syrien (PYD) est dirigé par Salih Muslim. D'orientation socialiste démocratique et apoïste. Selon Salih Muslim, l'objectif du parti n'est pas l'indépendance du Rojava, mais une autonomie dans un État fédéral. Le PYD est affilié au PKK qui n'interfère pas directement dans ses affaires.

Les Unités de protection du peuple (YPG) forment la branche armée du PYD avec des effectifs de l'ordre de 30 à 40 000 combattants dont 40 % de femmes. Selon les combattants kurdes, la présence de femmes soldats dans leurs rangs (YPJ) leur donne un avantage contre les djihadistes car ces derniers pensent être privés du paradis s'ils sont tués de la main d'une femme.

Les heurts puis les combats entre les YPG et les djihadistes du Front Al-Nosra et de l'État islamique se sont aggravés en 2013. Les YPG ont remporté des victoires significatives avec la prise de la ville de Ras Al-Aïn en juillet 2013, la défense d'Al-Manajir en janvier 2014 et, très médiatisée et symbolique, l'assaut repoussé de l'Etat islamique sur la ville de Kobané en juillet puis septembre 2014. A compter de juillet 2014, les YPG se sont alliés avec le Parti démocratique du Kurdistan (PDK) irakien afin de lutter contre l'Etat islamique, ouvrant un couloir humanitaire dans les monts Sinjâr permettant l'évacuation de 100 000 réfugiés Yézidis menacés de famines et de massacres par l'État islamique. Le 10 septembre 2014, les YPG et l'Armée syrienne libre créent un centre d'opérations conjoint avec pour objectif de reprendre les territoires contrôlés par l'État islamique. À l'est, les YPG et les forces du régime se partagent le contrôle de la ville d'Hassaké. Les affrontements entre les deux groupes sont rares mais des incidents éclatent occasionnellement Les YPG se sont également emparés de Tal Abyad, privant l'EI d'une route reliant la Turquie à son fief de Rakka.

Les YPG ont rejoint le 12 octobre 2015 une nouvelle alliance militaire, les Forces Démocratiques de Syrie (FDS) regroupant les YPG et divers groupes arabes, Djaïch Al-Souwar (l'« Armée des rebelles ») et Burkan Al-Furat (Le « volcan de l'Euphrate ») ainsi qu'un groupe assyrien (chrétien) a été formée le 12 octobre 2015.

Des groupes kurdes et arabes syriens d'opposition ont annoncé le 10 décembre 2015, la création du Conseil démocratique syrien (CDS), qui se veut la branche politique des Forces démocratiques syriennes (FDS). Cette création répondait à l'exclusion par le CNS du PYD de la conférence de

Ryad de décembre. Le régime de Bachar al-Assad est considéré par le CDS comme en partie responsable de la guerre qui ravage son pays, mais également comme un interlocuteur indispensable à la sortie de crise. Pour le PYD, l'avenir de la Syrie "passe par une solution pacifique à travers des pourparlers (avec le régime), la mise en place d'une période transitoire, la tenue d'élections et l'avènement d'une Constitution reconnaissant les droits du peuple kurde".

Amnesty international a qualifié de crimes de guerre en octobre 2015 des déplacements forcés de populations et des destructions de maisons imputés à l'YPG.

Pour l'année 2014, le groupe armé déclare le 28 décembre que 537 YPG/YPJ ont été tués au cours de 414 combats, il revendique la mort de 4 964 membres de « gangs », dont 228 corps ont été récupérés.

Irak

Le Kurdistan irakien constitue une région autonome depuis 1990 grâce à la mise en place d'une zone d'exclusion aérienne par les Etats-Unis dans le cadre de la résolution n° 1996-2003 Pétrole contre nourriture. Le PDK de Massoud Barzani contrôle les 2/3 nord du Kurdistan irakien, le tiers sud étant contrôlé par l'UPK de Jalal Talabani. Dans les faits les deux partis, en concurrence politique et armée de 1994 à 1996, pour le contrôle du Kurdistan irakien, ont conclu une alliance en 2002, peu avant l'intervention américaine, se sont alliés pour le contrôle de la région.

Le Parti Démocratique du Kurdistan (PDK), fondé en 1946, par le général Moustapha Barzani, leader des révoltes kurdes des années 1960, est dirigé par Massoud Barzani, président du gouvernement régional du Kurdistan irakien. Au niveau international, le parti est affilié à l'Alliance mondiale des démocrates.

La Force de défense du peuple (HPG) est la branche armée du Parti des travailleurs du Kurdistan (PKK). Le HPG est composé d'un tiers de femmes regroupées au sein du PAJK, et les Unités de femmes libres (Yekitiya Jinen Azad, YJA-Star).

L'Union patriotique du Kurdistan (UPK) créé par scission du PDK en 1975, est dirigée par Jalal Talabani. Il contrôle l'extrême sud du Kurdistan (c'est-à-dire la partie sud du Kurdistan autonome) jusqu'à la frontière avec l'Iran.

Iran

Le Kurdistan iranien, a des frontières avec l'Irak et la Turquie, compte 10 millions d'habitants qui représentent 13% de la population iranienne. Depuis le bref épisode (janvier à novembre 1946) de la République de Mahabad, le Kurdistan iranien n'a pas connu d'autonomie, la dynastie Pahlavi puis la République islamique lui déniant tout particularisme ethnique. L'Iran a néanmoins accepté le départ de kurdes iraniens pour appuyer le combat de l'UPK et de l'YPD en Syrie.

Soutien des Etats-Unis et de la Russie

Les Etats-Unis, un temps retenu par la pression turque, ont finalement décidé de soutenir fin 2015 l'YPD lors de la bataille de Kobané. Les milices kurdes sont depuis considérées comme un allié objectif à la lutte contre les milices islamistes en Syrie. La Russie soutient également l'YPD et réclame sa participation aux discussions de sortie de guerre, ce que ne revendiquent pas les Etats-Unis qui critiquent les frappes turques sur les positions kurdes.

Christophe Stener

16 - Coalitions militaires

Deux coalitions combattent les mouvements islamistes en Irak et en Syrie mais avec des agendas politiques différents, et à fin 2015 irréconciliables, en termes de sortie de crise. La coalition occidentale et arabe s'est formée dés août 2014 sous l'animation des Etats-Unis, tandis que celle dite 4+1 Syrie-Irak-Russie-Iran+ Hezbollah libanais sont plus des alliances bilatérales ayant un agenda commun qu'une coalition unifiée. En 2015, l'Arabie saoudite a rallié le camp arabe pour sa guerre au Yemen et lancé en décembre 2015 une Coalition islamique contre le terrorisme.

16-1 Coalition arabo-occidentale

Formée à compter d'août 2014, à l'initiative américaine, elle rassemble à fin décembre 2015, vingt-deux pays engagés à des degrés divers. Selon le DOD, participent aux frappes aériennes - en Irak #, et/ou en Syrie * -, les autres pays non signalés fournissent soit des armes et/ou du soutien logistique :
- occidentaux : Allemagne, Australie#*, Belgique#*, Canada#*, Danemark#*, Espagne, États-Unis#* ,France#*, Pays-

Bas#*, Portugal, Royaume-Uni#*, Albanie, Pologne, l'Estonie, Italie
- arabes : Arabie saoudite*, Bahreïn*, Émirats arabes unis*, Jordanie#*, Qatar
- Turquie * : neutre jusqu'à l'attentat de l'EI à Suruç du 20/07/15, a accepté alors l'usage de la base Otan d'Incirlik et engagé des frappes aériennes et terrestres en Syrie contre l'EI mais aussi contre l'YPG kurde.

L'engagement militaire en Syrie est plus récent pour la France (09/15), et la Grande-Bretagne (12/15). Le Canada a annoncé début 2016 sa volonté de cesser de participer aux bombardements. La Pologne se dit prêt à participer aux bombardements. Les pays arabes contribuent peu aux frappes aériennes en Irak et en Syrie mais hébergent les aéroports où sont basés les avions occidentaux : EAU, Jordanie et Koweït. Une partie des avions américains et français sont également stationnés sur des porte-avions. A noter que la coalition arabo-occidentale agit hors de tout mandat international, avec l'accord express du gouvernement irakien mais le désaveu syrien. Les pays occidentaux de la coalition n'agissent pas non plus dans le cadre de l'Otan ce qui serait une perspective selon les déclarations du 11/02/16 du chef du Pentagone Ashton Carter.

Une concertation multilatérale entre les aviations de la coalition arabo-occidentale et celles d'Irak, Iran, Syrie, Turque et Russie existe pour éviter les incidents aériens. Un chasseur russe a néanmoins été abattu par la chasse turque (24/11/15) au motif d'une violation de son espace aérien provoquant une grave crise diplomatique.

Nota : L'engagement de la France est détaillé dans le chapitre 22.

La coalition arabo-occidentale a, jusqu'à fin 2015, indiqué exclure tout engagement de forces terrestres, se limitant à quelques conseillers formant les forces irakiennes et kurdes et de rebelles syriens. L'annonce par les Etats-Unis de l'envoi d'un contingent de 1850 soldats en Irak et en Syrie a provoqué une violente réaction syrienne qui la qualifié d'ingérence dans les affaires intérieures de la Syrie. L'Arabie saoudite, les EAU et la Turquie ont manifesté dans les semaines précédant le cessez-le-feu de février 2016 des velléités de déployer des troupes mais il s'agissait surtout d'annonces pour peser sur les discussions bilatérales entre EU et Russie.

Les USA ont nommé l'engagement américain Operation Inherrent Resolve (détermination absolue). L'opération Tidal Wave II engagée en 11/2015 vise spécifiquement les ressources pétrolières de l'EI ainsi que la destruction de dépôts de billets détruits par des bombardements américains en février 2016.

Bilan

Selon l'ONG Airwars, au 1er décembre 2015 : 8879 frappes aériennes — dont 6586 en Irak et 3290 en Syrie — 28 579 bombes et missiles largués, 23 000 djihadistes de l'État islamique tués (estimations données par la coalition) — 129 à 227 soldats alliés victimes de tirs fratricides - 682 à 2 104 civils tués. http://airwars.org/

Selon le DOD, au 19/01/16 : les EU et la coalition ont conduit 9782 frappes aériennes (6516 Irak / 3266 Syrie) dont 7551 par les EU. Au 15/12/15, le coût US 5,53 mds $ (coût journalier ~11 m) http://www.defense.gov/News/Special-Reports/0814_Inherent-Resolve

L'opérationTidal Wave II, à fin 2015, revendique la destruction de 90 % de la production pétrolière de l'EI. http://www.defense.gov/News/Special-Reports/0814_Inherent-Resolve

Selon un rapport de la Maison blanche, le nombre de miliciens de l'EI est passé à fin 2015 de 31 000 à 25 000 du fait des morts et désertions.

Selon l'OSDH, les raids occidentaux sur la Syrie ont tué, entre le 23 septembre 2014 et le 2 mars 2016, 4.579 personnes dont 374 civils, y compris 92 enfants et coûté la vie à 4.037 membres de l'EI, en majorité étrangers, et près de 160 combattants d'autres groupes extrémistes dont Al-Nosra.

Le coût des opérations militaires en Irak et en Syrie n'a pas été publié par la France. Le Président François Hollande a estimé devant le Congrès réuni à Versailles le 16/11/15 que "le pacte de sécurité l'emporte sur le pacte de stabilité" c.à.d. sur l'engagement européen sur la maîtrise des déficits publics.

Les frappes aériennes occidentales sont consensuelles dans l'opinion publique aux Etats-Unis et en France mais le sont moins en Grande-Bretagne. L'ASL critique les frappes de la coalition pour ne pas empêcher les frappes du régime syrien et russes sur leurs positions et les populations civiles.

Malgré un accord entre les Etats-Unis et a Russie lors du G20 du 15/11/15 pour rechercher une solution politique sous l'égide de l'ONU, la coalition arabo-occidentale et Syrie-Iran-Hezbollah-Russie poursuivent des objectifs différents : détruire l'EI pour les pays occidentaux, renverser le régime syrien pour les pays arabes du Golfe, sauver le régime et reconquérir la Syrie pour l'Alliance 4+1.

17-2 - Alliance Syrie-Iran-Hezbollah-Irak-Russie '4+1'

Introduction

L'Iran qui exerce une influence directe sur le pouvoir à majorité chiite en Irak depuis son installation en 2003, et prégnante sur le régime syrien depuis 2011, a engagé, dans ces deux pays, des forces militaires face aux rebelles islamistes. La Russie arme les régimes irakiens et syriens et est, depuis septembre 2015, engagée militairement en Syrie tout en renforçant également sa coopération avec l'Irak.

On ne peut parler d'une coalition militaire au sens de la coalition occidentale mais il existe un haut niveau de coordination entre les forces syriennes, iraniennes, et les miliciens du Hezbollah, qui fait désigner cette alliance comme "4+21" - quatre Etats + la milice Hezbollah qui semble avoir lancé l'expression - .

Iran

<u>Motivation</u>

Le soutien de l'Iran à l'Irak et à la Syrie a trois motivations :

- une motivation confessionnelle : les mouvements islamistes sunnites salafistes visant à imposer l'application de leur interprétation de la charia à l'ensemble des musulmans résidant dans les territoires passés sous leur contrôle. L'Etat islamique est le plus extrémiste car, takfiriste, il justifie par l'excommunication le massacre des chiites, semant la fitna au sein de l'oumma. Les exactions contre leurs coreligionnaires et l'atteinte aux lieux saints chiites assurent dans l'opinion publique iranienne un soutien massif au djihad contre l'EI, nécessaire et légitime,

- une ambition de domination régionale par l'installation d'un 'arc chiite' c'est-à-dire d'une alliance entre des gouvernements islamistes chiites au Yemen, Iran, Irak, Syrie et partie du Liban sous contrôle du Hezbollah assurant une continuité politico-religieuse faisant barrage à la volonté de domination des deux autres grandes puissances régionales, la Turquie sunnite, dans un espace sous influence recréant l'Empire ottoman, et l'Arabie saoudite, entraînant les pétromonarchies du Golfe dans une entente cordiale avec les pays occidentaux, Etats-Unis au premier chef,

- une volonté de s'assurer un débouché sur la Méditerranée pour ses exportations de gaz et de pétrole, lui permettant d'échapper à la contrainte du passage par le canal de Suez sous contrôle égyptien, allié des occidentaux et des saoudiens et pour contrecarrer le projet concurrent de gazoduc saoudo-qatari cf. chap. 7

L'Iran reste en guerre contre Israël, refusant même sa légitimité à une existence en tant qu'Etat nation.

Chronologie

En Irak

L'Iran est depuis 2003 le protecteur du gouvernement irakien sous domination chiite. Le clergé chiite irakien qui reconnaît l'éminence religieuse des ayatollahs iraniens intervient directement dans les consultations électorales tandis que les sunnites, opprimés par la majorité chiite, ont déserté le processus électoral. Le 13/6/14, le grand ayatollah Ali al-Sistani, la plus importante personnalité religieuse chiite d'Irak, a appelé ses compatriotes à prendre les armes pour stopper l'offensive fulgurante des djihadistes sunnites, qui continuent d'avancer, notamment dans la province de Diyala, au nord-est de Bagdad. L'Iran a envoyé des forces de la brigade Al-Qods en renfort.

En Syrie

Après la tension entre l'Iran et la Syrie, pendant la période de libéralisation relative engagée par Hafez el Assad entre 2008 et 2010, la rébellion démocratique syrienne a jeté le gouvernement dans les bras de l'Iran. L'Iran est, selon certains observateurs, sous tutelle iranienne tant le pouvoir alaouite est dépendant des subsides iraniens pour survivre tandis que les miliciens du Hezbollah libanais, surnuméraires des pasdarans, sécurisent la Syrie vitale face aux rebelles et aux islamistes syriens

<u>Moyens engagés</u>

Les Brigades al Qods sont le fer de lance iranien en Irak et en Syrie sous le commandement du maréchal Qassem Soleimani, homme de l'année 2014 en Iran. La milice Al Qods, fondée en 1990, deux ans après la fin du conflit irako-iranien sert de garde prétorienne au régime des mollahs et pourchasse sous l'autorité de la redoutée Vevak les ennemis intérieurs et arme les alliés étrangers, formant notamment les miliciens du Hezbollah et du Hamas ; la Vevak est accusée de commettre des attentats à l'étranger comme l'explosion du centre communautaire juif de Buenos Aires le 18 juillet 1994 qui fit 85 morts et 200 blessés. L'actuel ministre de la défense iranien Ahmad Vahidi qui dirigeait alors la force Al-Qods est recherché par Interpol pour son implication présumée dans ces attentats. Qassem Soleimani a la totale confiance de l'ayatollah Ali Khamenei le guide suprême de la Révolution islamique. Le Major général coordonne l'engagement des pasdarans d'Al Qods en Irak et en Syrie, n'hésitant pas à aller lui-même inspecter les lignes de front. Il fut ainsi légèrement blessé le 22 novembre 2015 à al-Eiss, au sud-ouest d'Alep, lors de combats contre les rebelles au gouvernent syrien. Un contingent de dix mille hommes de la force Al Qods est engagé en Syrie, commandée par le général Mohammed Reza Zahedi, a été déployé autour de Damas pour assurer sa sécurité après la chute de Palmyre en juillet 2015.

Environ 1500 hommes des Brigades Badr Irakiennes constituées de chiites irakiens réfugiés en Iran seraient présents en Syrie pour défendre la mosquée Sayyidah Zaynab, près de Damas, considéré comme un lieu saint par les chiites, mais pas par les sunnites.

De l'aveu de l'Iran, 10 à 20 000 chiites afghans de la minorité hazara enrôlés dans la brigade Fatemiyoun combattent en Syrie.

Irak

Plusieurs centaines de miliciens chiites irakiens, armés par l'Iran, du Kataib Hezbollah, de l'organisation Badr, et du Harakat Hezbollah al-Nujaba sont engagées sur le front syrien.

Hezbollah

<u>Motivation</u>

Les milices du Hezbollah qui contrôlent le sud du Liban sont de confession chiite et d'allégeance iranienne dont ils reçoivent formation, financement et armement. Classée organisation terroriste, le Hezbollah (Parti de Dieu) est un ennemi résolu d'Israël. Fondé en 1982, suite à l'invasion du Liban par Israël, le Hezbollah fait de la destruction de l'Etat hébreu son objectif principal. La Syrie constitue un passage vital pour le transfert des armes et moyens iraniens. Les Etats arabes du Golfe persique ainsi que les pays occidentaux condamnent l'ingérence du Hezbollah dans le conflit syrien notamment au regard du risque d'extension du conflit au Liban, souhaité et poursuivi par l'Etat islamique.

<u>Chronologie</u>

Le Hezbollah est engagé depuis 2011 dans des combats aux côtés de l'armée syrienne; son dirigeant Hassan Nasrallah a officialisé ce soutien en avril 2013. En mai 2013, environ 1 700 combattants du Hezbollah ont participé à la reconquête de la ville de Qousseir par les forces loyalistes.

Le Hezbollah et Tsahal se heurtent sur le Golan, près de Quneitra, où armée syrienne et Hezbollah se battent contre Al-Nosra. Le 18 janvier 2015, un raid militaire israélien a tué en zone syrienne deux dirigeants du Hezbollah et un général iranien

<u>Moyens engagés</u>

Le 29 mai 2013, Laurent Fabius a estimé entre 3 et 4 000 le nombre de miliciens du Hezbollah engagés et appelé à leur retrait. 6 à 8000 miliciens seraient engagés à fin 2015. Armée et entrainé par les conseillers russes, le Hezbollah renforce sa capacité militaire face à l'armée libanaise très dépendante de l'aide financière saoudienne alors que l'Arabie saoudite se désengage du Liban jugé trop inféodé à l'influence iranienne. Israël estime que la Russie sera facteur de modération sur le Hezbollah qui a effectivement indiqué ne pas vouloir relancer les hostilités avec l'Etat hébreu se concentrant sur l'engagement en Syrie.

Russie

<u>Synthèse</u>

La Russie fournit des armements à l'Irak ainsi qu'à la Syrie, intervient militairement en Syrie et entend être partie au règlement de la crise. L'Etat islamique a été déclaré organisation terroriste par la Russie en décembre 2014. La doctrine russe a été, sans détour, formulée par Vladimir Poutine le 22/10/15 : «... la force militaire restera évidemment, et pour longtemps encore, un instrument de politique internationale... Et il ne faut pas séparer les terroristes entre modérés et radicaux... L'opération militaire russe en Syrie est totalement légitime ... ».

<u>Motivation</u>

La Russie fournit officiellement des matériels militaires, notamment des avions de chasse Sukhoi à l'Irak. L'Irak a annoncé fin 2015 la création d'un centre de coopération dans le domaine du renseignement avec la Syrie, l'Iran et la Russie. La question de l'opportunité de frappes russes en Irak partage les autorités irakiennes.

La montée en puissance de l'engagement russe en Syrie a été concertée au plus haut niveau par les autorités russes et iraniennes au cours de l'été 2015. Le 30 septembre 2015, la Fédération de Russie a engagé ses forces armées en Syrie, avec l'accord du gouvernement syrien, en bombardant des positions rebelles et islamistes en Syrie. L'engagement russe dans le conflit syrien a plusieurs motivations, certaines revendiquées, d'autres non avouées. La justification officielle est celle de la lutte contre l'Etat islamique, organisation déclarée terroriste qui menace par son recrutement de 5 à 7000 combattants issus des républiques musulmanes russes, notamment de Tchétchénie dont la figure iconique est Abou Omar al-Chichani, la stabilité de la fédération russe. Certaines factions islamiques de l'Emirat du Caucase ont fait allégeance à l'Etat islamique. L'Etat islamique a revendiqué l'explosion en vol de l'avion commercial russe le 31 octobre 2015   ainsi que l'attaque conduite le 31 décembre 2015 au Daghestan.

La Russie entend surtout se rétablir comme puissance régionale en renforçant sa présence militaire en Méditerranée. La volonté russe de contrecarrer le projet de pipeline qatari n'est pas avouée. En s'engageant militairement durablement en Syrie, la Russie entend   se rendre incontournable dans toute sortie politique au conflit face aux Etats-Unis et redevenir un acteur de l'échiquier moyen-oriental.

Diplomatiquement, la Russie a bloqué les résolutions du Conseil de sécurité présentées par les Etats-Unis en 2012 et est intervenu de manière décisive pour convaincre les Etats-Unis de ne pas intervenir militairement à l'été 2013 en négociant la destruction de son arsenal chimique par la Syrie puis elle s'est engagé dés la fin 2014, dans des consultations avec le régime syrien et certains membres de la Coalition nationale de l'opposition syrienne pour se rendre incontournable dans une sortie de crise tentant, sans succès, d'organiser des réunion rassemblant les parties en janvier et avril 2015 à Moscou tout en répondant aux inquiétudes du Premier ministre israélien Benjamin Netanyahu reçu en septembre 2015 à Moscou.

<u>Moyens engagés</u>

Les moyens militaires engagés par la Russie sont considérables, voire disproportionnés mais c'est l'occasion pour la Russie de faire une démonstration de son arsenal et de sa capacité de projection face aux puissances de l'Otan. La Russie engage ainsi son aviation de chasse et de reconnaissance, des hélicoptères mais également des batteries anti-missiles S400 et des complexes mobiles de guerre électronique Krassoukha-4. La Russie a fait usage de missiles de croisière, tirés de Russie qui ont survolé l'Iran et l'Irak avant de frapper en Syrie, ainsi que tirés du sous-marin 'Rostov-sur-le-Don' depuis la Méditerranée. Le Président Poutine a affirmé, en octobre 2015, exclure un engagement de troupes russes au sol mais en réalité engagé le déploiement de centaines de soldats en Syrie. La Russie y a renforcé la facilité navale de Tartous, construit une base aérienne avancée à Lattaquié, au nord-ouest, remis en service une base sous-marine à Jablé et mis en place une deuxième base militaire sur l'aéroport d'Al-Chayrat au sud d'Homs. Au total, la Russie a déployé en Syrie : 50 avions et hélicoptères, des dizaines de blindés, des troupes d'infanterie de marine, des parachutistes et des unités de forces spéciales qui ont débarqué en Syrie. Soit au moins 2 000 hommes, selon des estimations américaines.

<u>Objectifs des frappes russes</u>

Les frappes russes ont été concentrées sur les forces rebelles et non sur les combattants islamistes, permettant aux forces loyalistes de reprendre du terrain.

Position de la France sur l'engagement russe

La France, après avoir été réticente à l'engagement militaire russe et, malgré la réaffirmation d'une analyse divergente sur le sort à réserver au président syrien dans un règlement du conflit, a modifié sa position en décembre 2015 en reconnaissant l'utilité des frappes russes et en coordonnant ses efforts militaires et diplomatiques avec la Russie à l'occasion de visites du Président Hollande et du ministre de la défense français. Depuis le blocage de Genève III, la France critique la Russie pour ses frappes faisant de nombreuses victimes civiles. « Il y a à la fois une brutalité effrayante du régime de Bachar al Assad et, j'appelle les responsables par leur nom: il y a une complicité de la part de la Russie et de l'Iran », a déclaré ainsi Laurent Fabius le 10/02/16.

Crise diplomatique avec la Turquie

La destruction le 27 novembre 2015 d'un avion de chasse russe Su-24 abattu par un chasseur truc F-16 pour violation de son espace aérien a provoqué une crise diplomatique entre les deux pays. La

Russie prenant des mesures de rétorsion économique et au déployant des batteries de missiles sol-air S-400.

<u>Bilan au 31 décembre 2015</u>
L'engagement russe a sanctuarisé le régime alaouite en empêchant, à brève échéance, son remplacement par une coalition nationale souhaitée par les occidentaux. La Russie a pris le commandement militaire des opérations de reconquête marquée par le début d'encerclement d'Alep, capitale économique de la Syrie, depuis janvier 2016.

Les frappes russes ont ciblé principalement les forces rebelles et non les milices islamistes, servant de préparation à la reconquête du terrain par les forces syriennes épaulées par les pasdarans et miliciens du Hezbollah. A la différence des frappes occidentales s'efforçant de limiter au maximum les 'pertes collatérales', les bombardements russes ont fait, selon l'OSDH : 4.408 morts, dont 1.733 civils, parmi lesquels 429 enfants et 250 femmes et plus de 60% de combattants, dont 1.492 rebelles et djihadistes du Front Al-Nosra, la branche syrienne d'Al-Qaïda, et 1.183 membres du groupe État islamique.

L'engagement russe a contribué directement à la reprise par les forces syriennes de la place forte de Khan Tuman et dans la banlieue sud d'Alep contre Al-Nosra et à la préparation de la reconquête d'Alep engagée en janvier 2016.

A l'occasion du cessez-le-feu décidé conjointement le 12 février 2016 par les EU et la Russie, la pression publique mise par le Président Poutine sur Bachar el-Assad montre la réalité de la dépendance militaire du régime syrien à l'égard de la Russie.

17c - Coalition conduite par l'Arabie saoudite engagée au Yémen

Le Yemen, formé de l'unification, en 1990, du Yemen du Nord (Sanaa) et du Sud (Aden), contrôle le détroit de Bab el-Mandeb qui ouvre sur le canal de Suez. L'Arabie saoudite, à la tête d'une coalition militaire y intervient militairement depuis le 26/03/15 pour défendre le régime légitime du Président Mansour Hadi, élu en 2012, au sortir du Printemps arabe qui avait déposé le Président Saleh. Au Yémen s'affrontent, par alliés interposés, l'Arabie saoudite et l'Iran. Cette guerre civile marque également l'extension au Yemen du djihadisme islamique d'AQPA et de son concurrent l'EI.

Les miliciens Houtis, de confession zaydite, branche de l'islam chiite duodécimain, du nom de leur dirigeant, Hussein Badreddine al-Houthi, également désigné comme Ansar Allah, au nombre d'environ 10 000, se sont emparés, depuis leurs bastions montagnards du nord-ouest d'une grande partie de l'ouest du pays, notamment de l'ancien Yémen du Nord, et réclament le rétablissement du statut d'autonomie dont ils bénéficiaient avant le coup d'État républicain de 1962. Les Houtis, soutenus par l'Iran et dans une alliance de circonstance, par les partisans sunnites de l'ex-président Saleh, ont conquis la capitale Sanaa, obligeant le Président Hadi à fuir en Arabie Saoudite.

La coalition, conduite par l'Arabie saoudite, regroupe des forces du Bahreïn, Qatar, Soudan, EAU, Egypte et Maroc et bénéficie du soutien des Etats-Unis. La rébellion Houtie est appuyée par l'Iran, l'Erythrée et la Russie. A l'opération Tempête décisive, lancée la nuit du 25/03/15, a succédé le 21/04/15, l'opération Restaurer l'espoir. La coalition n'a, au 31/12/15, pu que limiter la progression des

Houtis et sauver le port d'Aden (dont le gouverneur a été assassiné par l'EI en octobre 2015). L'Etat islamique et AQPA, concurrentes, tous deux implantés au Yémen, à Aden notamment, n'interviennent pas directement dans les combats entre Houtis et la coalition mais contribuent à la déstabilisation du Yemen.

Se bornant à des opérations aériennes, faute d'engagement de troupes au sol, la coalition emmenée par l'Arabie saoudite ne peut, au mieux, que figer la situation sans pouvoir rétablir l'unité territoriale yéménite et la restauration du gouvernement élu.

Coalition islamique anti-terroriste

15/12/15 l'Arabie saoudite a annoncé par ailleurs la création d'une coalition islamique anti-terroriste de 34 membres dotée d'un centre de commandement basé à Ryad. Formée autour de l'Organisation de la coopération islamique (OCI), hors Iran et Irak et pays asiatiques. Cette initiative, prise sans concertation avec les Etats-Unis, exprime la volonté de leadership saoudienne.

Christophe Stener

17 - Les pays voisins face au conflit

Le conflit syro-irakien constitue une menace directe pour les voisins de ces deux pays du fait du risque d'extension de la guerre confessionnelle dans des Etats nations fragilisés par leurs dissensions internes. Les pays voisins sont également directement impactés par l'afflux massif de réfugiés sur leur territoire. La posture des pays du Moyen-Orient est variable : volonté affichée de neutralité du Liban craignant une extension de la guerre confessionnelle, revirement de la Turquie d'une posture de neutralité en fait favorable aux milices islamistes jusqu'à son engagement contre l'Etat islamique, engagement de la Jordanie dans la coalition occidentalo-arabe, soutien indéfectible de l'Iran au régime chiite de Bachar el Assad, vigilance d'Israël qui craint avant tout la mise en place d'un croissant chiite, soutien de l'Arabie Saoudite et des autres pétromonarchies aux mouvements islamistes sunnites puis prise de distance vis-à-vis de l'hydre Daech. La Realpolitik et les intérêts opposés des voisins de la Syrie et de l'Irak en guerre sont des obstacles à la recherche d'une solution politique entre trois camps : ceux qui souhaitent la chute du régime (pays arabes et Turquie), ceux qui veulent sa survie (Iran) et Israël dont l'intérêt objectif est le pourrissement du conflit et l'affaiblissement durable de l'ennemi syrien, seul pays, avec l'Iran, encore officiellement en guerre avec l'Etat hébreu.

Iran

Le conflit irako-syrien représente pour l'Etat islamique chiite une opportunité historique d'étendre son influence sur le Moyen-Orient en créant un 'axe chiite', expression attribuée au roi Abdallah II de Jordanie : Liban sous contrôle du Hezbollah-Syrie-Irak-Iran-Yemen houtiste. La capacité des rebelles djihadistes sunnites à instaurer un régime sunnite à Damas et à déstabiliser le gouvernement féal d'Irak contrarie cette ambition. La protection des lieux saints chiites en Syrie et en Irak mobilise l'opinion publique. Les pasdarans de la brigade Al Qods commandée par le maréchal Qassem Soleimani interviennent directement lors des batailles décisives de défense puis de reconquête. La Russie est un allié puissant mais tactique à la volonté iranienne d'hégémonie régionale.

Turquie

La Turquie sous la férule de Recep Tayyip Erdoğan depuis 2003 réveille l'ambition néo- ottomane. Un entente cordiale turco-syrien-irakien marquée par la suppression des visas, l'alliance avec l'Egypte islamiste de Morsi, les relations cordiales avec le Qatar se brisèrent sur le Printemps arabe qui conduisit Bachar el Assad en 03/2011 à abandonner la page moderniste pour s'engager dans la répression et sur le renversement de Morsi par le coup d'état militaire du général Sissi en 07/2013. La Turquie, se retrouva isolée, marginalisée. Elle prit alors le parti de faciliter l'expansion des milices islamiques pour faire tomber le régime syrien. L'inquiétude majeure de la Turquie reste de voir s'installer à sa frontière, sur le modèle du Kurdistan irakien, une zone sous contrôle des kurdes syriens du PYD affilié au PKK, organisation pourchassée comme terroriste. La non intervention des forces turques lors du siège de Kobané 09/14-06/15 repris par les combattants de l'YPG, branche armée du PYD, face aux miliciens de Daech fut l'expression la plus flagrante de cette préoccupation kurde. Ce soutien 'passif' aux djihadistes connut un arrêt brutal avec les attentats de l'EI à Suruç (07/15), Ankara (10/15), Istanbul (01/16) qui obligent la Turquie, volens nolens, à s'engager dans le conflit en soutien de l'alliance arabo-occidentale, bombardant l'EI mais aussi l'YPG. L'engagement massif de la Russie dans le conflit en 09/15 provoque une crise diplomatique durable cristallise par la destruction d'un chasseur russe par l'aviation turque le 31/10/15. La Turquie a manifesté la velléité d'envoyer des troupes terrestres pour éviter une unification de la zone syrienne passée sous contrôle kurde et peser dans la sortie de crise mais fut mise devant le fait accompli du cessez-le-feu décidé en février 2016 par russes et américains. La Turquie, marginalisée dans le règlement du conflit syrien, joue de l'argument des 2,5 millions de réfugiés syriens et irakiens sur son sol pour obtenir des aides européennes. Arabie saoudite et Turquie, déçus des EU, ont renforcé leur coopération. La Turquie a annoncé la création d'une base militaire au Qatar.

Jordanie

La Jordanie est engagée dans la coalition occidentalo-arabe contre les mouvements islamistes djihadistes en Syrie et en Irak et a ouvert ses bases aériennes aux avions de la coalition arabo-occidentale et même effectue quelques raids aériens après l'assassinat horrible du pilote jordanien Mouath al-Kassaesbah brûlé vif dans une cage, le 3/02/15. Malgré sa frontière avec les deux pays en crise, la Jordanie a connu peu d'attentats sur son territoire de la part des mouvements islamistes.

Arabie saoudite et monarchies du Golfe

L'Arabie saoudite, les pays arabes du Golfe et tous les pays de la Ligue arabe soutiennent la coalition visant au renversement du régime syrien et, plus récemment à l'éradication de Daech. L'éviction du pouvoir de Bachar el Assad était l'objectif premier face au risque avéré de mise sous tutelle de la Syrie par l'Iran après l'allégeance du régime irakien pour constituer, avec le féal Hezbollah libanais, un axe chiite faisant de l'Iran LA puissance régionale. Pour autant la perspective de prise de pouvoir par une opposition démocratique et laïque ne pouvait satisfaire des monarchies autoritaires qui avaient réussi à étouffer le Printemps arabe chez eux. La volonté de renversement du régime alaouite chiite par un régime sunnite, sous influence, a ainsi conduit l'Arabie saoudite, le Qatar et les autres pays arabe du golfe arabo-persique, au soutien financier des milices sunnites djihadistes, sous le pavillon de complaisance de riches donateurs privés et militaire en laissant partir leur ressortissants rejoindre les djihadistes tout en assurant un soutien logistique aux pays occidentaux en leur ouvrant leurs bases aériennes. Les EAU hébergent ainsi les avions Rafale français. Une analyse statistique des comptes Twitter de soutien à Daech de 11/15 fait ressortir l'Arabie saoudite devant la Syrie et l'Irak, les EU étant 4e pays du classement. Vouée aux gémonies par l'EI et frappés par des attentats notamment celui du 26/10/15, l'Arabie saoudite semble réduire son soutien aux milices islamistes. L'Arabie saoudite construit une barrière le long de sa frontière avec la Syrie et l'Irak mais, jusqu'à fin 2015, se refuse à un engagement de forces terrestres, ne délivrant que quelques bombardements en Syrie. A contrario de cette 'retenue', les armées saoudiennes et d'une dizaine de pays arabes sont engagés frontalement dans la lutte contre les chiites yéménites Houtis qui menacent l'intégrité du Yemen. La guerre au Yémen qui met en conflit un régime élu mais ayant perdu le contrôle de la majeure partie du Yemen face aux incursions d'AQPA et des rebelles houtis est la projection du conflit frontal entre l'Iran et les pays arabes par alliés interposés. Le face à face américano-russe dans la sortie de crise conduit l'Arabie saoudite à menacer d'une intervention terrestre en Syrie.

Liban

Le Liban qui a connu de 1975 à 1990 une guerre civile et confessionnelle, une occupation syrienne de 1976 à 2005 et celle du Liban sud par Israël de 1982 à 2000, a réussi à ne pas se laisser entrainer dans le conflit syrien malgré les attentats conduit par l'EI à Beyrouth le 13/11/15. Les opérations du Hezbollah échappent à l'autorité du gouvernement libanais. Cette difficile neutralité est fragilisée par l'afflux de 300 000 réfugiés syriens sur son territoire, la menace représentée par le renforcement militaire du Hezbollah par le double soutien de l'Iran et de la Russie et par le désengagement des monarchies du golfe début 2016 alors même qu'elles assuraient une large part du financement de l'armée libanaise. Le clan Hariri qui était un lien très fort entre Liban et Arabie saoudite est aujourd'hui affaibli.

Israël

La Syrie est, juridiquement, toujours en guerre avec Israël. A la différence de l'Egypte, de la Jordanie ou des monarchies du Golfe, la Syrie des Assad n'a jamais accepté l'idée d'une paix avec le voisin hébreu. Le Golan reste une pomme de discorde. La Syrie a pour allié le Hezbollah également soutenu par l'Iran qui refuse le droit à l'existence d'un Etat hébreu. La Syrie s'est engagé dans un programme nucléaire secret, du nom de code Zamzam du nom de la source de la Mecque, avec le soutien technique de la Corée du Nord et financier de l'Iran. La perspective de renversement du régime alaouite par une opposition démocratique laïque mais nationaliste peut 'convenir' à Israël, la prise de contrôle par un régime sunnite islamiste serait une menace. La chute de Hosni Moubarak et l'instauration d'un régime inspiré par les Frères musulmans présidé par Mohamed Morsi dans la vague du printemps arabe fut une très mauvaise nouvelle pour Israël qui se félicita de son remplacement par le maréchal Sissi, dont le coup d'Etat a été souhaité et instrumenté par l'Arabie Saoudite. Israël, officiellement neutre, est donc vigilant sur le déroulement du conflit en Syrie et en Irak, Tsahal n'intervenant que quand ses intérêts vitaux sont jugés mis en cause : arraisonnement de navires transportant des armes vers le Hezbollah, assassinats ciblés de dirigeants du Hezbollah et des Pasdarans iraniens comme l'assassinat d'un général iranien et de chefs du Hezbollah par l'aviation israélienne près de Quneitra, bon voisinage avec les milices d' Al-Nosra qui tient la ligne Bravo sur le Golan : accueil de blessés djihadistes en Israël et échange d'informations attesté par les observateurs de l'ONU. Ce soutien de facto à Al-Nosra est tactique, l'intérêt immédiat d'Israël étant le pourrissement du conflit qui affaiblit la Syrie et engage l'Iran dans un conflit long. Les échanges entre les dirigeants israéliens et russes visent à établir une ligne directe pour éviter des incidents militaires, le Président Poutine ayant réaffirmé son soutien à l'intégrité d'Israël. L'urgence humanitaire de résolution du conflit réduit également la pression des gouvernements occidentaux sur le gouvernement israélien pour rechercher un compromis avec les palestiniens. Tsahal reste vigilante comme en atteste le raid aérien sur la Syrie du 18/02/16 sur un dépôt de missiles sol-air S-300 russes dans la banlieue de Damas.

Christophe Stener

18 - L'Europe face au conflit irako-syrien

Synthèse

Si la lutte contre l'EI fait consensus au sein des pays européens, la gestion des réfugiés les divise. Diplomatiquement, la France et l'Allemagne sont actifs mais séparément. Faute de pouvoir parler d'une seule voix, l'Europe se range diplomatiquement derrière l'ONU, alloue des soutiens humanitaires mais voit se déliter l'espace Schengen par les décisions unilatérales des pays membres.

Une mobilisation progressive et partielle des pays européens dans la lutte armée

La France est le pays le plus tôt et le plus fortement engagé dans la lutte contre les mouvements islamistes en Irak, depuis septembre 2014, et en Syrie, depuis septembre 2015. Elle a proposé une action militaire conjointe aux Etats-Unis dès l'été 2013 pour soutenir la rébellion démocratique syrienne mais en vain cf. chap. 2. Laurent Fabius, ministre des affaires étrangères de la France a appelé les pays membres sinon à une solidarité militaire, au moins financière à l'effort de guerre français en août 2014. Le Président François

Hollande a annoncé en novembre 2015 que la priorité française serait la sécurité nationale non le respect de la contrainte de déficit budgétaire. Pays européen le plus fortement engagé dans la lutte contre Daech, la France a payé en 2015 le prix le plus élevé des attentats terroristes.

L'absence d'alignement entre la France et l'Allemagne empêche toute expression européenne sur la question européenne. La priorité française est la victoire militaire contre Daech, celle allemande est aussi la maîtrise du flux migratoire. L'Allemagne le pays le plus exposé à l'afflux de demandeurs d'asile et pays de résidence d'un million de kurdes turcs a ainsi adopté une Realpolitik en engageant en octobre 2015 un ballet diplomatique unilatéral avec tous les pays parties au conflit irako-syrien pour rechercher une solution politique, sans faire du départ du président syrien un préalable, se démarquant de l'intransigeance française.

La chef de la diplomatie européenne, Federica Mogherini, a déclaré en octobre 2015, n'a pu qu'affirmer entendre apporter "tout son poids diplomatique" à l'action de l'envoyé spécial des Nations unies pour la Syrie, Staffan de Mistura.

Dix pays européens sont, à fin décembre 2015, engagés militairement, à des niveaux variables, dans la coalition occidentale cf. chap. 17-1.

Aide humanitaire européenne aux réfugiés

Chiffres estimés en novembre 2015 :
Nombre de personnes nécessitant une assistance humanitaire à l'intérieur de la Syrie : 13,5 millions
En zones assiégées ou difficiles d'accès : 4,6 millions
Nombre de personnes déplacées selon l'OCHA : 6,5 millions
Nombre de réfugiés : 4 180 631 Liban: 1 078 338 Turquie : 2 072 290 Jordanie : 629 627 Irak : 245 585 Égypte & Afrique du nord : 154772
Aide humanitaire : € 4,2 milliards
http://ec.europa.eu/echo/factsheets_fr

Absence de solidarité européenne face au flux migratoire

En 2015, 1 million de personnes ont rejoint l'Europe par la mer dont 500 000 en provenance de Syrie, 200 000 afghans, 7000 irakiens, le solde étant ceux en provenance d'Afrique.
http://www.unhcr.fr/cgi-bin/texis/vtx/home

Absence de gestion et de solidarité européenne dans l'accueil des réfugiés

L'Union européenne, faute d'un accord sur un dispositif de gestion partagée du flux migratoire, laisse le champ aux initiatives unilatérales des pays européens. Federica Mogherini, la chef de la diplomatie européennes, affirma, en octobre 2015, que : « l'Union Européenne risque la désintégration si elle ne répond pas collectivement et avec des instruments communautaires à la crise migratoire ».

La recherche d'un dispositif européen de maîtrise du flux migratoire dans une solidarité européenne a fait l'objet de plusieurs réunions de crise au niveau des chefs d'Etat à l'été et l'automne 2015 sans aboutir à un accord. Certains Etats européens ont décidé unilatéralement des mesures de restriction à la migration des réfugiés : refus du passage de frontières, installation de barrières, mesures de dissuasion (internement administratif de réfugiés, hostilité manifeste...). Plusieurs Etats ont décidé le rétablissement des contrôles d'identité aux frontières y compris vis-à-vis des ressortissants européens.

Une gestion nationale des flux migratoires

Face à l'afflux de réfugiés venant de Syrie et d'Irak via les Balkans, l'Union européenne a été incapable de prendre une position commune sur le traitement des réfugiés politiques et sur l'effort à consentir pour leur accueil. Le règlement de Dublin II de 2003 prévoit qu'une demande d'asile est traitée par le pays de première arrivée; cela reste la norme mais est caduque face au flux des entrées qui pèse de manière déséquilibrée sur la Grèce et la Hongrie en Europe alors même que les réfugiés en provenance de Turquie ne veulent qu'y transiter, entendant poursuivre leur périple vers l'Europe du Nord.

Le dispositif Frontex et l'opération Triton mis en place initialement pour gérer l'afflux de réfugiés politiques et économiques embarquant de Lybie pour l'île de Lampedusa en Italie est jugé insuffisant par le HCR.

Les personnes pouvant bénéficier du statut de réfugiés est défini par la Convention du 28 juillet 1951. L'UNHCR est chargé de sa mise en œuvre. Certains pays européens entendent ainsi différencier le traitement des réfugiés, fuyant la guerre ou la répression, de celui des migrants économiques, fuyant la pauvreté. Ce distinguo juridique est complexifié par la présence, estimée à 30 % par Frontex et le gouvernement allemand, de vrais/faux réfugiés syriens disposant de vrais/faux passeports syriens.

Christophe Stener

19 - L'Organisation des Nations Unies et le conflit syrien

Contrairement à une idée reçue, l'Organisation des Nations Unies (ONU) n'est pas restée indifférente aux enjeux politiques et humanitaires du conflit syrien. Dès 2012 elle a fait part de sa préoccupation et tentée une mission de médiation qui finalement a échoué. L'action de l'ONU est ainsi demeurée longtemps limitée, du fait principalement de l'opposition de la Russie et de la Chine, deux Etats membres permanents du Conseil de sécurité, à toute intervention d'envergure. Les objectifs de maintien de la paix et de protection des populations civiles se trouvent ainsi parfois en contradiction avec les intérêts de certaines grandes puissances. Toutefois, depuis 2013, l'intervention de l'ONU s'est faite plus active, avec des résultats inégaux.

Une intervention précoce, mais longtemps limitée

L'intervention de l'Onu a été précoce. En mars 2012, la Ligue arabe et le Conseil de sécurité de l'ONU avaient confié à l'ancien Secrétaire général de l'Organisation, Kofi Annan une mission de médiation. M. Annan avait élaboré un plan en six points qui prévoyait notamment un cessez –le- feu de la part du régime syrien et de l'opposition et l'amorce d'un processus de démocratisation du régime. Au début du mois d'avril 2012, un cessez-le-feu entra en vigueur mais il fut de courte durée. En effet, en mai 2012, les troupes gouvernementales perpétrèrent un massacre dans la ville de Houla au centre de la Syrie, ce qui conduisit à la reprise des hostilités et à l'abandon de sa mission par M. Annan en août. Au même moment l'ONU envoya en Syrie une mission de maintien de la Paix composé de trois cents membres. Mais dès le mois de juin 2012, Les observateurs constatèrent que « l'escalade de la violence » les empêchait de remplir leur mission et la mission s'acheva en août 2012. Le successeur de M. Annan, M Lakhdar Brahimi s'efforça lui aussi sans succès de mettre en œuvre un processus de paix au début de l'année 2014. Le représentant actuel (février 2016) de l'ONU, Staffan de Mistura, diplomate italo-suédois, s'efforce lui aussi de convaincre les acteurs du conflit d'entamer un processus de paix. Il est chargé par le Conseil de Sécurité de mettre en œuvre les négociations de paix qui se sont ouvertes dans des conditions difficiles le 29 janvier 2016.

L'ONU s'efforce de conduire une action humanitaire d'aide aux populations syriennes. Le Conseil de sécurité et les Agences spécialisés de l'ONU comme l'Unicef sont conscients depuis longtemps du drame humanitaire qui se déroule en Syrie : populations assiégées affamées et bombardées, situation dramatique des migrants. Les résolutions 2139(février 2014) et 2165 (juillet 2014) du Conseil de sécurité condamnent les violations des droits de l'homme et exigent de toutes les parties « en particulier des autorités syriennes » l'arrêt des violences contre les civils, l'arrêt des emprisonnements et des tortures, la levée des sièges et un accès aux civils pour les organisations humanitaires. La résolution 2165 illustre bien la complexité de la politique d'aide humanitaire menée par l'Organisation. La résolution condamne les réticences (condamnation qui n'est toutefois pas assortie de sanctions) des autorités syriennes face à l'acheminement de l'aide humanitaire et autorise les Agences humanitaires de l'ONU à franchir les frontières de la Syrie pour acheminer l'aide. En même temps, elle offre des garanties au régime syrien qui craignait des transports d'armes en instaurant un mécanisme de surveillance des convois de secours humanitaire. En janvier 2016, l'ONU est parvenue à faire parvenir des convois d'aide humanitaire dans la ville de Madaya, dont les habitants sont frappés par la famine, ville assiégée par les forces du Hezbollah, soutiens du régime. L'action humanitaire de l'ONU est réelle. Toutefois, certains critiquent une certaine complaisance des associations humanitaires de l'ONU vis à vis du régime syrien, complaisance qui conduirait à sous-estimer la situation dans laquelle se trouvent les populations civiles dans les zones bombardées par le régime.

Plusieurs raisons expliquent la modestie de l'intervention de l'ONU. La raison majeure réside dans l'opposition de la Russie et de la Chine à une intervention de grande ampleur qui risquerait de conduire au renversement du régime syrien. Ces deux Etats sont membres permanents du Conseil de sécurité de l 'ONU, instance dans laquelle l'unanimité des membres permanents est requise (on parle souvent de « droit de véto » mais l'expression « unanimité des membres permanents « est plus proche de la réalité juridique). La Russie est une alliée de longue date du régime syrien. Depuis l'époque soviétique, la flotte maritime militaire de Russie bénéficie d'une installation permanente dans le port de Tatous, qui lui ouvre un accès direct à la Méditerranée. De plus, la coopération entre les régimes syrien et russe est intense et la Russie ne souhaite pas la chute du régime et surtout la mise ne place d'un autre régime peut être plus proche des Etats-Unis et qui mettrait un terme à sa situation privilégiée en Syrie. La Chine ne souhaite pas non plus une ingérence dans les affaires intérieures d'un Etat.

A cette raison majeure   s'ajoutent des raisons juridiques. Certains professeurs de Droit international soulignent que les bases juridiques d'une intervention d'une coalition de l'ONU seraient fragiles. Le chapitre VII de la Charte de l'ONU autorise le recours   à la force sous certaines conditions : en cas de menace pour la paix, si un Etat en agresse un autre ou encore en cas de légitime défense. Ces principes sont difficiles à mettre en œuvre dans le cas du conflit syrien. La Russie et la Chine s'opposent à toute intervention menée au nom du maintien de la paix. De plus le conflit syrien demeure largement un conflit interne : un autre Etat n'est pas agressé par la Syrie et ne peut invoquer la légitime défense (la France a cependant utilisé cet argument pour légitimer les frappes aériennes contre Daech) et le gouvernement syrien ne sollicite pas l'aide de la communauté internationale, contrairement au régime irakien. La Charte de l'ONU ne prévoit pas d'intervention contre un acteur non étatique comme

Daech.Enfin, personne ne souhaite mener une intervention unilatérale sans base juridique qui ruinerait les efforts de la communauté internationale pour réguler les conflits. L'ONU pourrait invoquer un aspect du droit humanitaire, « la responsabilité de protéger le populations civiles » invoqué lors de la Guerre du Golfe de 1991 ou du conflit libyen en 2011. Mais là encore la Russie, instruite par le renversement du colonel Kadhafi en 2011, ne veut pas qu'une intervention de ce type conduise au renversement du régime syrien.

2) Depuis 2013, l'ONU mène un politique plus active aux résultats inégaux.

Sans intervention de grande ampleur, l'ONU mène depuis 2013 une politique plus active pour résoudre le conflit syrien. Cette politique s'est manifestée dans trois domaines.

Dans le règlement du problème des armes chimiques, L'utilisation des armes chimiques par le régime syrien avait presque conduit à des frappes aériennes occidentales .Pour faire face à l'utilisation d'armes chimiques, le Conseil de sécurité a repris les éléments d'un accord russo– américain. La résolution 211 8 (2013) condamne l'utilisation des armes chimiques. Sous la pression de la Russie, la Syrie accepte de donner accès à tous ses sites à l Organisation pour l'usage des armes chimiques. La résolution s'achève par la menace que des mesures sous le chapitre VII seraient adoptées. L'arsenal chimique   syrien devrait ainsi être détruit sous le contrôle de la Russie.

Dans le domaine de la lutte contre le terrorisme. La croissance et les exactions de Daech ainsi que les attentats du 13 novembre 2015 à Paris, ont conduit le Conseil de sécurité à renforcer la lutte contre le terrorisme. La résolution 2253 du Conseil de sécurité   (17 décembre 2015) définit plusieurs domaines d'action : le gel des avoirs financiers des organisations terroristes , la lutte contre   la contrebande de produits pétroliers et le trafic d'armes et l'interdiction de voyager pour les membres d'associations terroristes ainsi que pour les personnes soupçonnées de vouloir rejoindre des groupes terroristes. Les Etats sont incités à pénaliser ces comportements, aussi bien dans le domaine économique que dans celui de la circulation des personnes. Ces mesures sont obligatoires et peuvent être assorties de sanctions. Dans le domaine militaire, la France justifie ses frappes aériennes en Syrie en invoquant la légitime défense collective prévue par l'article 51 de la

Charte des Nations Unies, argument qui ne fait pas l'unanimité chez les spécialistes du Droit international qui critiquent une intervention sans mandat de l'ONU.

Dans le domaine des négociations. L'implication de l'ONU dans le domaine des négociations est ancienne. Son Secrétaire général est membre du Groupe d'Action pour la Syrie. En juin 2012, les accords dits de Genève 1 élaborés par le groupe d'action sur la Syrie, présidé par Kofi Annan, sans participation syrienne, avaient avancé le principe d'un gouvernement de transition réunissant toutes les parties en présence. Cette proposition convient à la Russie et à la Chine qui ne veulent en aucun cas que le régime officiel syrien soit exclu du processus de transition politique. En février 2014, les négociations dites de Genève 2 se terminaient par un échec, largement imputable au refus des autorités officielles syriennes de débattre de la mise en place d'une autorité de transition. La résolution 2254 du Conseil de sécurité adoptée le 18 décembre 2015 ouvre la voie à une troisième étape de négociation que certains nomment Genève 3. Le Conseil souhaite l'arrêt des bombardements des zones civiles, l'accès de l'aide humanitaire aux populations assiégées et l'instauration d'un cessez-le feu condition préalable à l'organisation d'un processus politique qui mettrait en place dans les six mois une autorité de transition pluraliste, suivie de l'élaboration d'une nouvelle constitution et d'élections libres dans les dix-huit mois. Les groupes djihadistes ne participent pas aux négociations. La composition des délégations de l'opposition syrienne s'est avérée complexe. Le Haut Comité des négociations (HCN) coalition réunissant des opposants politiques et des groupes armés syriens s'est formé en décembre en Arabie Saoudite. Le négociateur en chef de cette délégation est Mohammad Allouche, l'un des dirigeants d'un groupe armé syrien. Un autre groupe d'opposition, le Conseil démocratique syrien, (CDS), composé d'opposants kurdes et arabes est également présent à Genève. Soutenus par la Russie qui estime que les Kurdes jouent un rôle essentiel dans le nord de la Syrie et dans la lutte contre Daech, les négociateurs kurdes sont récusés par la Turquie. La conférence s'est ouverte à Genève le 29 janvier 2016, après que le gouvernement syrien a accepté de laisser passer un convoi alimentaire pour la ville de Madaya. A l'heure où ces lignes sont écrites (7 février 2016) les négociations ont été suspendues jusqu'au 25 février parce que l'opposition syrienne estime que ses demandes concernant l'arrêt des bombardements en particulier contre la ville d' Alep, la levée des villes assiégés et la libération des prisonniers n'ont pas été satisfaites. Il est impossible de se prononcer sur l'issue de ces négociations. On ne peut que noter que la communauté internationale souhaite fortement aboutir. Sans doute, l'aboutissement des négociations est-il lié au rapport de force qu'il est difficile d'évaluer. Parallèlement l'ONU et un certain nombre d'Etats ont organisé à Londres au début du mois de février 2016 une conférence des donateurs dont l'objectif est de recueillir huit milliards d'euros notamment pour soutenir les Etats voisins qui accueillent les réfugiés.

En fin de compte, comme le souligne l'Ambassadeur Jean- Marc de La Sablière, ancien conseiller diplomatique de Jacques Chirac et auteur d'un ouvrage sur le Conseil de sécurité, la relative modestie de l'intervention de l'ONU montre les limites inévitables de l'action de l'Organisation lorsque les intérêts majeurs des grandes puissances sont en jeu. Cela ne doit pas faire douter de la nécessité d'une coopération internationale, mais cela en montre également les limites.

Le 26 février 2016 le Conseil de sécurité de l'ONU a approuvé à l'unanimité la résolution 2268 (2016)

qui approuve l'accord de cessez-le-feu décidé par
les Etats-Unis et la Fédération de Russie.
http://www.un.org/press/en/2016/sc12261.doc.htm

Laurent Bensaïd

20 - Internet, média de la propagande islamiste

Introduction

Le prosélytisme religieux des groupes islamistes repose sur la diffusion planétaire publication de leur geste, attentats et combats, comme autant de démonstration de l'ardeur de leurs affidés et de leur capacité sinon à vaincre toujours, du moins à frapper les ennemis du 'véritable' islam, celui salafiste. La propagande religieuse islamiste qui reposait sur l'écrit avec la diffusion d'opuscules confidentiels sous le manteau, a trouvé dans l'enregistrement audio puis dans Internet le média d'une diffusion internationale, peu coûteuse et grand public du message islamiste. L'Ayatollah Khomeiny avait ouvert la voie, Oussama Ben Laden l'a perfectionné, l'Etat islamique s'est installé d'emblée dans le web 2.0. L'usage expert d'internet, en particulier des réseaux sociaux, par l'EI pour affirmer sa primauté et recruter des soutiens, offre le paradoxe d'une organisation rétrograde, prônant le retour à un Califat du VIIe siècle, assurant sa propagande avec les moyens offerts gratuitement par les Croisés, ses ultimes ennemis. Le recrutement de combattants étrangers trouve dans Internet son 'sergent recruteur' obligeant les acteurs de l'internet à s'interroger sur leur responsabilité en la matière.

Les radiocassettes de Khomeini

L'ayatollah Khomeini, exilé par le Shah d'Iran en 1964 en France, trouva refuge en Turquie puis dans la ville sainte du chiisme à Kerbala, en Irak et ensuite en France, d'où il appela, par des radiocassettes enregistrées, passées en contrebande et massivement dupliquées, le clergé chiite iranien à préparer le renversement de la dynastie Pahlavi sous influence occidentale et l'instauration d'une république islamique, renversement effectif en 1979.

La télévision d'Al-Qaïda

La propagande d'Al-Qaïda véhicule un message eschatologique où Ben Laden incarne le messager du châtiment des infidèles par la glorification des attaques et un martyrologe moyenâgeux nostalgiques des premiers temps de l'islam. Al-Qaïda va installer les codes qui seront repris par l'Etat islamique : le leader Ben Laden puis, après son élimination en 2011, Al-Zawahiri posent, selon les messages, dans des tenues de combattants avec treillis et kalachnikov, de Calife en abaya d'apparat saoudienne ou habillés du blanc des savants, sur fond de pieuse bibliothèque. Les martyrs enregistrent des témoignages avant leur mort, certains sont représentés nimbés de la lumière et de la verdure promise au paradis; les égorgements d'otage en tenues orange de Guantanamo, sont mis en scène, étendard frappé de la Chahada visent à indigner l'imagination occidentale.

Les vidéos en arabe, certaines sous-titrées en anglais, sont élaborés par Al-Sahab (le nuage), la maison de production d'Al-Qaïda et diffusés via la messagerie internet puis postés sur un site internet mais le premier et principal vecteur de la propagande d'Al-Qaïda est la chaine qatarie Al-Jazeera et sa reprise par les médias occidentaux. Al-Qaïda détourne la télévision commerciale des infidèles comme l'Etat islamique détournera leur Internet. Adam Yahiye Gadahn dit Adam l'américain, citoyen américain, né Adam Pearlman fut le conseiller média d'Al-Sahab de 2001 à 2015 (tué par un drone en 2015 au Pakistan).

Al-Qaïda a installé une marque. L'iconographie d'Al-Qaïda s'est installée dans la mémoire collective mondiale, assurant à l'organisation une capacité d'influence durable malgré l'élimination de ses leaders et la perte de ses capacités opérationnelles en Afghanistan.

Les vidéos de Mokhtar Belmokhtar d'AQMI reprennent la mise en scène de Ben Laden, chef de guerre.

La revue Inspire d'AQPA

Le leader d'Al-Qaïda dans la péninsule Arabique (AQPA) Anwar al-Awlaqi lance à partir de 2006 de nombreux appels au djihad sur Internet, utilisant des sites sociaux comme Facebook, ou de partage de vidéos tels que YouTube, pour diffuser ses prêches dans un excellent anglais. AQPA émet depuis 2008 la revue Sadâ al-Malahim (L'Écho des batailles) et met en ligne à compter de 2010 le magazine en anglais Inspire qui publie propagande djihadiste et modes d'emploi de fabrication de bombes artisanales. AQPA émet depuis 2008 la revue Sadâ al-Mal^him (L'Écho des batailles).

Inspire bénéficie d'une mise en page luxueuse et d'une riche infographie promeut le djihad sous une apparence 'cool' : affirmations idéologiques et pages didactiques sur « comment fabriquer une bombe dans la cuisine de votre mère«, photos à l'appui. La rédaction d'Inspire était formé à l'origine de Adam Yahiye Gadahn, dit Adam l'Américain, Yahya Ibrahim, un prédicateur ayant séjourné au Canada ou encore Samir Khan, un Américain qui a longtemps entretenu un blog appelant au djihad, depuis sa banlieue new-yorkaise. Ce magazine a exercé une influence sur de nombreux terroristes. En octobre 2010, Aqpa va envoyer plusieurs imprimantes piégées via de simples colis UPS et Fedex, à destination des Etats-Unis. AQPA a revendiqué les attentats de Charlie hebdo en janvier 2015. Inspire est le modèle dont s'est inspiré Dabiq, la revue de l'Etat islamique.

Internet 2.0 : L'Etat islamique

<u>Synthèse</u>

L'Etat islamique applique les recommandations de l''opuscule rédigé entre 2002 et 2004 par Abu Bakr al-Naji intitulé « L'administration de la sauvagerie : l'étape la plus critique à franchir par la Oumma » « Pour reconstituer l'unité originelle de la communauté islamique [...] les leaders djihadistes devront recourir essentiellement à trois ingrédients :

la violence extrême, la bonne gestion des territoires soumis et la propagande.» cf. chap. 13

L'usage intensif de la propagande virale via les réseaux sociaux est la marque de fabrique de l'Etat islamique qui emploierait des centaines de professionnels bénéficiant d'un salaire élevé. Les deux principales cellules de communication sont Al-Furqan (le discernement), canal officiel, et Al-Hayat (la vie), branche médiatique dédiée au cyber djihad. Al-Furqan s'occupe de la production des contenus médias avec deux groupes: Al-I'tisam Media Foundation, chargée de la vidéo et Ajnad Foundation for media production, spécialisée dans la production de « nasheeds » (poèmes musicaux). La grande majorité de la propagande de l'Etat islamique est diffusée par Al-Furqan adresse les publics arabisants, Al-Hayat gère la propagande en langue étrangère.

Une citation du porte-parole de l'Etat islamique en Syrie, Abou Muhamed al-Adnani, fait office de ligne éditoriale, de motto : « Il n'y a pas de vie sans djihad ».

Films et vidéos

Les vidéos adoptent techniquement les codes des clips et du cinéma à grand spectacle hollywoodien : effets vidéo, dramaturgie, scénarisation, sous-titrages multi-langues. L'iconographie abondante est produite par des reporters filmant les batailles, les destructions de sites impies, les attaques kamikazes, les exécutions de prisonniers de guerre, l'application de la charia aux adultères, homosexuels... Les images véhiculent l'affirmation de l'invincibilité des mouhahidjin, l'application stricte de la charia, la protection apportée aux 'bons' musulmans, le bonheur des martyrs pour assurer le prosélytisme vers les recrues et l'effroi des ennemis. On ne citera ici que quelques vidéos : le film « Flames of War » de septembre 2014 et long de 55 minutes, fondateur de la saga, est le 'blockbuster' islamiste ciblant clairement les jeunes occidentaux, le feuilleton c'est « Le tintement des épées ». « What are you waiting for ? » de novembre 2014 montrer trois djihadistes français brûlant leur passeport et appelant leurs sympathisants à la hijra ou à assassiner des Occidentaux en Dar al-Harb. « N'en déplaise aux mécréants » de novembre 2014 filme 18 soldats syriens égorgés par 18 djihadistes, dont Jihadi John, chacun originaires d'un pays différent dont le français Maxime Hauchard alias Abu Abdhallah al-Faranzi. L'Etat islamique détourne les codes du reportage de guerre en direct en forçant l'otage anglais John Cantlie à se livrer à reportages et interviews du 18 septembre 2014 au 9 février 2015 dans la série Lend Me Your Ears (« accordez moi votre attention »). Les média occidentaux sont partagés sur la reprise ou non de certaines images de la propagande djihadiste au titre de l'information.

Dabiq, le magazine

A compter de juillet 2014, Al-Hayat publie en anglais « Dabiq » un magazine de propagande sur internet qui sera traduit en français à compter de décembre 2014 sous le nom « Dar Al-islam », en russe en mai 2015 sous le nom Istok (« Source ») et le 29 mai 2015, « jour de la date d'anniversaire de la conquête de Constantinople par les Ottomans, le 29 mai 1453, en langue turque sous le nom Konstantiniyye. Le nom Dabiq a une signification eschatologique car le lieu, situé au nord d'Alep fut celui de la bataille de Marj Dabiq en 1516 qui avait marqué l'abolition du califat des Abbassides d'Égypte, supplanté par l'Empire ottoman et elle sera, selon certains hadiths, le lieu d'une d'une ultime bataille avant le Jugement dernier dans le cadre d'une guerre de civilisations où les musulmans vaincront définitivement les armées des chrétiens. Byzance, puis Rome, seront alors conquises.

Internet, vecteur de recrutement et d'auto-radicalisation

A côté du recrutement 'traditionnel' de terroristes via la filière religieuse, par les prêches d'imams salafistes, et via la radicalisation religieuse de délinquants de droit commun en prison, s'est développée à partir de 2011 par la diffusion électronique de propagande islamiste, une auto-radicalisation solitaire de jeunes occidentaux, un auto-endoctrinement par la consommation de contenus internet jusqu'à la décision de conversions à l'islam salafiste suivi de passages à l'acte terroriste isolé ou au départ pour les pays en guerre, Syrie en premier chef. Ce saut dans le djihad est parfois très rapide, souvent non aperçu par l'entourage, et donc très difficilement détectable par les autorités de sécurité qui tentent de mettre en place des dispositifs d'alerte ainsi qu'une pédagogie anti-radicalisation cf. chap. 21 Le basculement dans le sectarisme islamiste de jeunes occidentaux se nourrit de la vision ad nauseam d'images d'enfants syriens gazés ou victimes de barils de TNT lâchés par les hélicoptères du régime, sur les marchés et les écoles. "C'est la première fois, le djihad recrute sur une base 'humanitaire'" écrit Jean-Pierre Filiu. L'adhésion par des jeunes fragiles, sans repères, à la doxa djihadiste relève d'un processus sectaire.

Capacité des acteurs d'internet et des Etats à lutter contre la e-propagande islamiste

Les Google, Facebook, Twitter et autres majors de l'informatique américaine, mis en accusation par les gouvernements européens et l'opinion publique sur leur absence de sens des responsabilités dans la censure de la propagande islamiste, cherchent une voie étroite pour limiter la diffusion via leurs plates-formes de contenus islamistes sans casser le modèle même des réseaux de communication ouverts.

Jared Cohen, le directeur de Google Ideas, avant les attentats parisiens proposait diverses actions coordonnées par les leaders du Net pour éradiquer les comptes pivots et repousser les propagandistes terroristes dans le darknet en empêchant le reroutage automatique des contenus problématiques par les robots.

Twitter a déclaré avoir supprimé 12000 comptes liés à l'EI. Une étude du Brooking Institute révèle qu'une majorité des comptes Twitter pro EI sont localisés en Arabie saoudite. A contrario, le FBI s'est vu opposer en février 2016 un refus d'Apple pour 'déverrouiller' un iPhone utilisé par des djihadistes américains auteur d'un attentat meurtrier. L'EI a menacé les présidents de Facebook et Twitter de représailles.

Cyber-guerre

L'EI dispose d'experts en informatique notamment des hackers qui attaquent les sites officiels. Un guide de sécurité pour éviter la détection de leurs communications par les services de renseignements occidentaux a été publié. Des haktivistes, comme les Anonymous, détectent et publient des listes de comptes Twitter djihadistes. La France a renforcé ses moyens juridiques et humains de lutte contre le cyber terrorisme. cf. chap. 21 La cyber-guerre représente 6,7 milliards de $, soit 1 % du budget de défense des EU, qui ont indiqué avoir engagé une cyber-guerre contre l'EI.

Christophe Stener

21 - Terrorisme et sécurité publique en France

Introduction

La France est LA cible privilégiée du terrorisme islamiste parce que, patrie des droits de l'homme, nous sommes un symbole, parce que nous sommes en avant-poste dans le combat contre les milices islamistes en Afrique et au Moyen-Orient, parce que nous sommes plus aisés à frapper que les Etats-Unis, l'autre 'grand Satan', et parce que la présence de les plus grandes communautés musulmane et juive d'Europe, sur notre territoire est propice à l'objectif de guerre civile poursuivi par les attentats djihadistes.

23/04/14 Le gouvernement français, face à la radicalisation violente et au risque d'attentat annonce, un plan renforçant le cadre juridique d'exercice des mesures de sécurité publique et mettant en œuvre une action en amont pour prévenir et accompagner les dérives individuelles. Ce plan qui vise à démanteler ces filières, à empêcher les déplacements générateurs de menaces, à coopérer plus efficacement au plan international contient un volet préventif et d'accompagnement des familles.

14/11/15 Le Président François Hollande adresse la nation en déclarant : « La France est en guerre », expression contestée par certains juristes mais qui justifiait les mesures extraordinaires à prendre pour assurer la sécurité des français. Juridiquement, la France est en guerre en Irak depuis le 18/09/14 cf. chap. 22.

La prolongation de l'Etat d'urgence et ses résultats fait débat aujourd'hui en France.

Historique des attentats islamistes en France

La France a été frappée depuis trente ans par plusieurs attentats commis par des terroristes au nom du conflit israélo-arabe, de l'antisémitisme, de l'islamisme algérien puis, depuis 2012, en représailles de l'engagement de la France en Irak et en Syrie. La France a renforcé en conséquence son dispositif sécuritaire.

<u>1978-2012</u>
20/5/78 : Fusillade d'Orly - 10/3/80 : Rue Copernic - 29/03/82 : Capitole de Toulouse - 8/09/82 : Rue

des Rosiers - 31/13/83 : Gare Saint-Charles -
17/09/86 : Rue de Rennes - 27/7/95 : RER Saint-
Michel - 12/3/96 : RER Port-Royal

<u>2012-2015</u>

3/12/2012 : Toulouse - Mohamed Merah -
7/01/2015 : Charlie-Hebdo - 9/01/2015 : Hyper
Cacher de Vincennes - 26/6/2015 : Décapitation
d'un otage en Isère -
13/11/2015 : Bataclan, cafés du 10 et 11e
arrondissements et Stade de France causant 130
morts et 352 blessés.

Recrutement islamiste en France

<u>Chiffres clés</u>

La France est en proportion relative le pays
européens ayant le plus fort pourcentage
d'embrigadement islamiste après la Belgique et le
Danemark. Le Premier ministre Manuel Vals a fait
état en février 2016 de 2000 français résidant en
France impliqués dans les seules filières syro-
irakiennes dont 1012 français partis rejoindre les
milices islamiques dont 597 y seraient toujours, soit
57 % de plus qu'au 1er janvier 2015.   161 y
auraient trouvé la mort. 250 seraient revenus sur
notre sol. 27 000 à 30 000 recrues étrangères dont
environ 5000 européens.

<u>Processus de radicalisation</u>

Au recrutement djihadistes de petits délinquants musulmans radicalisés en prison, a succédé l'autorecrutement de personnes isolées, dont 20 % non musulmans et non croyants, via Internet qui selon, le ministre de l'intérieur Bernard Cazeneuve, représente 90% des conversions. L'Etat islamique met en ligne une propagande ciblant la France comme la vidéo publiée le 20/11/14 montrant des djihadistes brûler leurs passeports français. La massification de la radicalisation, son individualisme, la difficulté même pour les proches de déceler les dérives sectaires, rend le travail de prévention de la police très complexe d'où la mise en place de mesures de détection en amont et de contre discours institutionnel. "Il ne s'agit pas de la radicalisation de l'islam mais de l'islamisation de la radicalité " écrit Olivier Roy, parlant du nihilisme de jeunes en rupture familiale. Ce qui motive les jeunes occidentaux convertis, c'est le djihad, pas le Coran.

Sécurité publique et lutte contre le terrorisme

<u>Cadre juridique</u>

L'arsenal juridique français de prévention et de répression du terrorisme a été considérablement renforcé depuis 1986.

Présidence de Jacques Chirac (1995-2007)

La loi n° 86-1020 du 9 septembre 1986 : définit la notion d'acte de terrorisme

Loi n° 95-73 du 21 janvier 1995 d'orientation et de programmation relative à la sécurité : autorise notamment la vidéosurveillance

Loi n° 2001-1062 du 15 novembre 2001 relative à la sécurité quotidienne dite LSQ : renforce l'arsenal juridique français s'agissant des fouilles et perquisitions

Loi n° 2002-1094 loi du 29 août 2002 d'orientation et de programmation pour la sécurité intérieure dite LOPSI est une loi française, relative à la sécurité intérieure.

Loi n° 2003-239 du 18 mars 2003 pour la sécurité intérieure dite LSI : renforce le dispositif de lutte contre le commerce d'armes et élargit les pouvoirs d'investigation à certains fichiers et modifie les conditions de garde à vue.

Loi n° 2006-64 du 23 janvier 2006 relative à la lutte contre le terrorisme dite LCT : impose aux opérateurs télécom, aux fournisseurs d'accès , mais aussi à tout établissement public proposant un accès internet, comme les cybercafés, de conserver les données de connexion pendant un an

Présidence de Nicolas Sarkozy (2007-2012)

Loi n°2011-267 du 14 mars 2011 : Loi d'orientation et de programmation pour la performance de la sécurité intérieure dite LOPPSI : lutte contre la cybercriminalité, Informatique et Internet, entre autres dispositions

Présidence de François Hollande (2012-)

Loi n° 2012-1432 du 21 décembre 2012 : prolonge jusqu'au 31 décembre 2015 la surveillance dans un but préventif, mise en place en 2005, des données de connexion (internet, géolocalisation, factures détaillées de téléphone) et permet de poursuivre les actes de terrorisme commis par des ressortissants français à l'étranger et les personnes ayant participé à des camps d'entraînement terroriste à l'étranger.

Loi n° 2014-1353 du 13 novembre 2014 : renforce les dispositions relatives à la lutte contre le terrorisme : interdiction administrative de sortie du territoire pour les ressortissants, d'entrée pour les non ressortissants, pénalisation des entreprises individuelles à caractère terroriste, répression accrue de l'apologie du terrorisme et extension de l'exigence de surveillance faite aux FAI, droit de perquisition des stockages 'cloud' et de l'interception des échanges téléphoniques sur Internet.

Loi n° 2015-912 du 22 juillet 2015 : donne un cadre légal aux activités des services de renseignement et organise la mise en œuvre des techniques de renseignement (écoutes) par autorisation du Premier ministre, après avis du CNCTR, autorité administrative indépendante.

Loi n° 2015-1556 du 30 novembre 2015 : autorise des mesures de surveillance des communications électroniques internationales permet également un ciblage par zone géographique, ou encore de viser des organisations, personnes ou groupe de personne. Le contrôle opéré par la Commission nationale de Contrôle des techniques de Renseignement (CNCTR) n'intervient qu'a posteriori.

<u>Etat d'urgence</u>

La loi n° 2015-2025 promulguée le 20 novembre 2015 prolonge pour trois mois l'Etat d'urgence décrété, dans la nuit du 13 au 14 novembre 2015, par le président de la République, pour douze jours, en vertu de la loi du 3 avril 1955. L'état d'urgence autorise l' assignation à résidence de toute personne à l'égard de laquelle il existe des raisons sérieuses de penser que son comportement constitue une menace pour la sécurité et l'ordre public, les perquisitions administratives, à l'exception des locaux affectés à l'exercice d'un mandat parlementaire ou à l'activité professionnelle des avocats, magistrats ou journalistes, la possibilité de dissoudre les associations ou groupements de fait qui participent, facilitent ou incitent à la commission d'actes portant une atteinte grave à l'ordre public. Le ministre de l'intérieur peut prendre "toute mesure" pour bloquer des sites faisant l'apologie du terrorisme ou incitant à des actes terroristes. Le contrôle de la presse ou de la radio, prévu par la loi de 1955 mais jamais utilisé, est supprimé. Les peines encourues pour les infractions aux dispositions sur les perquisitions ou les assignations à résidence sont substantiellement accrues. Les préfets peuvent restreindre la liberté d'aller et de venir, interdire le séjour à toute personne menaçant l'ordre public, réquisitionner les personnes et les biens, interdire certaines réunions publiques, autoriser des perquisitions administratives en présence d'un officier de police judiciaire. Le Parlement est informé des mesures prises pendant l'état d'urgence.

<u>Projet de loi constitutionnel de protection de la Nation n° 2015-3381 du 23 décembre 2015</u>

Annoncé par le Président de la République lors du congrès réuni à Versailles le 16 novembre 2015, ce projet comprend deux articles relatifs, d'une part, à l'état d'urgence et, d'autre part, à la déchéance de nationalité de binationaux nés français qui ont été condamnés pour des crimes très graves. L'article 1er constitutionnalise l'état d'urgence dont le régime était jusqu'à présent seulement fixé par une loi ordinaire. L'article 2 du projet de loi permettra la déchéance de nationalité pour les binationaux nés Français.

<u>Code de procédure pénale</u>

En application de l'article 706-88-1 du code de procédure pénale, la garde à vue peut durer six jours pour les besoins de l'enquête relative au terrorisme lorsqu'il y a un risque actuel d'actes de terrorisme (la menace doit être avérée et actuelle). L'Assemblée nationale a approuvée le 2 mars 2016 la retenue de quatre heures après contrôle d'identité, un usage assoupli des armes par les forces de l'ordre et un contrôle administratif au retour du «djihad», mesures du projet de réforme pénale post-attentats qui prévoit également la protection des témoins.

Services de l'Etat mobilisés contre le terrorisme

Présidence de la République

Conseil de Défense et de Sécurité nationale
Le Conseil de Défense et de Sécurité Nationale (CDSN) comprend le chef de l'État, le Premier ministre, le ministre de la Défense, le ministre de l'Intérieur, le ministre de l'Économie et des Finances, le ministre du Budget, le ministre des Affaires étrangères. Le secrétariat du conseil est assuré par le SGSDN qui assiste aux délibérations. Le Président de la République peut également décider de convoquer des conseils restreints.
Le Conseil National du Renseignement (CNR), formation spécialisée du CDSN, est chargée de définir les orientations stratégiques et les priorités en matière de renseignement.

Premier ministre

SGDSN : adresse l'ensemble des questions stratégiques de défense et de sécurité, qu'il s'agisse de la programmation militaire, de la politique de dissuasion, de la programmation de sécurité intérieure concourant à la sécurité nationale, de la sécurité économique et énergétique, de la lutte contre le terrorisme ou de la planification des réponses aux crises.

Ministère de l'intérieur
Structures de coordination
EMOPT (l'état major opérationnel de prévention du terrorisme)
Allât : DGSI/DGSE/DRM/TRACFIN/DNRED/DPSD
Services centraux
CIPD : Comité interministériel de prévention de la délinquance : chargé de bâtir une structure pour «comprendre, détecter et apporter une réponse publique»
DGPN / UCLAT : en charge de la coordination opérationnelle des services appelés à lutter contre le terrorisme de la Police nationale ainsi que les représentants de la Gendarmerie nationale et de la DGSE.
FIPN : coordonne les actions des unités d'interventions de la Police Nationale : RAID, GIPN et BRI/BAC.
DCSP / SCRT : chargé, sur l'ensemble du territoire, d'exploiter les renseignements concernant tous les domaines de la vie institutionnelle, économique et sociale susceptibles d'entraîner des mouvements revendicatifs ou protestataires ainsi que d'étudier les faits de société visant à remettre en cause les valeurs républicaines tels que les dérives sectaires, les phénomènes de repli communautaire et identitaire ainsi que la contestation politique violente.
DCPA : Police de l'Air et des Frontières (PAF), est chargée de contrôler l'immigration et les frontières du pays.

DCPJ / SDAT : au sein de la de "police judiciaire" "PJ", la Sous-Direction Anti-Terroriste est dédiée à la lutte contre le terrorisme

CRS : unités mobiles spécialisées dans le maintien de l'ordre

DSGSI : "lutte contre le terrorisme, en combinant ses capacités de service de renseignement et de police judiciaire. Cette dualité de qualification lui permet d'avoir une approche globale des activités terroristes, tant celles soutenues, directement ou indirectement, par certains Etats étrangers, que celles émanant d'organisations terroristes étrangères"

Préfectures

Préfecture de police de Paris - DRPP : renseignement

Les Préfets sont responsables localement de la sécurité publique et autorisés à mettre en œuvre les dispositions de la l'Etat d'urgence

Fichiers de police

FSPRT autorisé par le décret du 30 octobre 2015 modifiant le décret portant création d'un traitement automatisé de données à caractère personnel dénommé « FSPRT » non publié Le fichier FSPRT est le plus récent d'une liste d'une dizaine de fichiers de données personnelles élaborés par l'État, qui sont classés secret-défense. La loi CNIL de 1978 prévoit en effet que des « traitements intéressant la sûreté de l'Etat, la défense ou la sécurité publique » peuvent ne pas faire l'objet d'une publication intégrale de leurs contenus, de leurs finalités ou de leurs éventuels croisements avec d'autres fichiers, pour préserver la confidentialité nécessaire à leur efficacité.

FPR / Fiche S pour « atteinte à la sûreté de l'Etat »

Une des catégories du fichier des personnes recherchées (FPR) qui comporte plus de 400 000 noms, qu'il s'agisse de mineurs en fugue, d'évadés de prison, de membres du grand banditisme, mais aussi de militants politiques ou écologistes (antinucléaires, anarchistes, etc. Il existerait environ 5 à 10 000 personnes classées S. La fiche S a surtout un rôle d'alerte : en cas de contrôle d'identité, ou à un aéroport, par exemple, elle signale aux forces de l'ordre que des soupçons pèsent sur l'individu contrôlé, et que tout renseignement que l'on pourra obtenir est précieux.

Ministère de la Défense

CEMA / CPCO : Planification et Conduite des Opérations
CEMA / DRM fournit les Renseignements d'Intérêt Militaire au CEMA
DGSE : rechercher, collecter, hors du territoire national, exploiter et mettre à la disposition du gouvernement des renseignements relatifs aux enjeux géopolitiques et stratégiques ainsi qu'aux menaces et aux risques susceptibles d'affecter la vie de la Nation.
DPSD : sécurité du personnel, des informations, du matériel et des installations sensibles
Gendarmerie nationale
> SDAO : en charge du renseignement
> C3N : Centre de lutte contre les criminalités numériques

Ministère de la Justice

Tribunal de Grande Instance de Paris / Parquet
Section "terrorisme et atteintes à la sûreté de l'Etat" anciennement "14e section" dorénavant « section C1 » : engagement de l'action publique, le suivi des instructions et les poursuites en matière de terrorisme.

Pôle anti-terroriste : Neuf juges d'instruction parisiens en charge de la poursuite et de l'instruction des dossiers.

Cour d'assises : la juridiction appelée à connaître des crimes de terrorisme est une cour d'assises composée uniquement de magistrats professionnels, afin de limiter l'effet des pressions ou des menaces pouvant peser sur les jurés.

Direction de l'Administration Pénitentiaire

Sous-direction de l'état-major de sécurité / Bureau de renseignement pénitentiaire (EMS 3) : suivi des détenus particulièrement signalés DPS

Les prisons françaises comptent 149 officiers de renseignement

Expérience de quartiers réservés à Fresnes, Osny et Lille-Annoeullin

Ministère des finances

Lutte contre le financement du terrorisme

TRACFIN : lutte contre le financement d'actions terroristes. Tracfin a désormais accès au fichier des personnes recherchées, dans lequel figurent notamment les fiches S. L'utilisation des cartes prépayées est plus fortement encadrée, le dispositif de gel des avoirs des terroristes est renforcé, de même que la lutte contre le trafic de biens culturels.

Résolution 2253 (2015) de l'ONU cf. chap. 19

DGDDI - Douanes - DNRED : met en œuvre la politique du renseignement, du contrôle et de la lutte contre la fraude en matière douanière

Mesures de sécurité publique

<u>Plan Vigipirate</u>
Vise à maintenir en vigilance l'ensemble des français et à permettre une réaction rapide et coordonnée des services publics. Il comporte deux niveaux : vigilance et alerte attentat. La France est en alerte attentat depuis le 7 janvier 2015.

<u>Opération Sentinelle</u>
Dix mille militaires sont déployés au lendemain des attentats des 7, 8 et 9 janvier 2015, pour faire face à la menace terroriste et protéger les « points » sensibles du territoire; dispositif renforcé après les attaques du 13 novembre 2015 en Île-de-France.

<u>Contrôles aux frontières</u>
La France a rétabli le contrôle aux frontières le 14 novembre 2015. Cette mesure est en contradiction avec le principe de libre circulation au sein de l'espace Schengen, mais les règles européennes prévoient des situations exceptionnelles dans lesquelles le contrôle peut être rétabli.

Dispositif d'alerte et de signalement

Téléphone
080 00 06 696 : numéro vert permettant aux proches de personnes dont on peut craindre une radicalisation; 2500 signalements reçus à fin novembre 2015.
197 Alerte attentat
Sites internet :
alerte-attentat@interieur.gouv.fr
securite.interieur.gouv.fr

Bilan de la lutte contre le terrorisme

Le nombre d'attentats et d'actions terroristes déjoués n'est pas publié par le gouvernement qui à l'obligation d'informer le Parlement du bilan des mesures prises dans le cadre de l'état d'urgence.
A fin 2015 :
2 700 perquisitions administratives effectuées ont conduit à 488 procédures judiciaires principalement pour des infractions à la législation sur les armes et à la législation sur les stupéfiants
283 sites djihadistes ont été fermés en 2015 en France.

Communication institutionnelle réfutant la propagande djihadiste

L'usage intensif et habile par les organisations islamistes d'internet et des réseaux sociaux a conduit les pouvoirs publics à déployer un appareil de communication institutionnelle réfutant la propagande djihadiste :
Site internet http://www.stop-djihadisme.gouv.fr/ ouvert en 2014. Ce site présente des supports de communication ainsi que la promotion des comptes stopdjihadisme sur Twitter et Facebook permettant de suivre l'actualité analysée par les pouvoirs publics.
Community managers : action annoncée en 05/15 en cours fin 2015.
Fondation privée, animée par des militants associatifs : annoncée en 05/15, non engagée à fin 2015.

Mesures de prévention et lutte contre la radicalisation

La radicalisation relève d'un processus complexe pouvant conduire à l'extrémisme et terrorisme. L'action préventive est essentielle. Les pouvoirs publics et des initiatives privées cherchent à éviter les dérives sectaires.

<u>Prisons</u>

On estime à un millier le nombre de détenus radicalisés en France. Le 25 janvier 2016, l'administration pénitentiaire a ouvert trois unités dédiées conte la radicalisation à Fresnes, à Osny (dans le Val d'Oise) et à Lille-Annoeullin. Deux autres unités ouvriront en mars à Fleury-Mérogis. Actuellement, 135 personnes rentrées de Syrie et d'Irak sont en détention en France.

<u>Initiatives publiques</u>

SG-CIPD : en charge du volet préventif du plan de mai 2014 afin d'agir en amont afin de repérer les situations, d'anticiper et d'éviter les recrutements et le passage à des actes violents. Des séminaires ainsi que des supports de communication pour les élus locaux ont été élaborés.

Sites publics :

http://www.gouvernement.fr/attentats-de-paris-la-france-en-guerre-3281

http://www.stop-djihadisme.gouv.fr/

http://www.gouvernement.fr/action/la-lutte-contre-le-terrorisme

<u>Initiatives privées (non exhaustif)</u> :

CPDSI : créé et animée par Dounia Bouzar

AFVT Association française des victimes du terrorisme   http://www.afvt.org/

Association Dialogues Citoyens

Autorités religieuses : Publication de la tribune 'Nous sommes tous unis' par une quarantaine de responsables religieux et associatifs le 15/11/15 et nombreuses actions depuis.

Sensibilisation des acteurs de l'internet

Le ministre de l'intérieur Bernard Cazeneuve a réuni le 22 avril 2015 les grands opérateurs de l'internet, suite au déplacement qu'il avait effectué au mois de février dans la Silicon Valley. Mise en place d'une plate-forme de bonnes pratiques dans la lutte contre la propagande terroriste sur internet a été actée à cette occasion. Le site https://www.internet-signalement.gouv.fr/   permet transmettre des signalements de contenus ou de comportements illicites notamment de propagande terroriste. Un préfet a été nommé pour animer la lutte contre les cybers menaces.

Actions en matière de déradicalisation

En 04/15, le premier ministre Manuel Valls a ainsi annoncé l'ouverture d'un centre de « déradicalisation » pour certains jeunes de retour de Syrie. Non ouvert à fin décembre 2015.

Risque terroriste

Le risque reste très élevé

Le patron d'Europol, Rob Wainwright a déclaré en février 2016 qu'entre 3.000 et 5.000 terroristes de l'Etat islamique se seraient infiltrés en Europe après avoir été entraînés en Syrie et en Irak.
Le patron de la DGSI, Patrick Calvar, a indiqué le 17 février 2016 devant la commission des Affaires étrangères et des Forces armées du Sénat qu'il disposait "d'informations faisant état de la présence de commandos [djihadistes] sur le sol européen, dont nous ignorons la localisation et l'objectif."Selon lui, "l'Europe fera sans nul doute face à d'autres attentats majeurs" et "la France reste en première ligne" indiquant que depuis le début de l'été, la France avait déjoué "six projets terroristes".

Christophe Stener

22 - Engagement militaire de la France en Irak et en Syrie

Synthèse

La France est engagée, au sein de la coalition 'occidentale' contre l'Etat islamique cf. chapitre 16. L'opération Chammal (nom d'un vent du nord irakien) mobilise les forces militaires françaises dans la lutte armée contre l'Etat islamique, à compter du 20 septembre 2014 en Irak, intervention élargie à la Syrie à compter du 1er septembre 2015. Initialement, l'opération Chammal visait seulement à assurer un soutien aérien aux forces armées irakiennes dans leur combat contre Daech. Elle repose désormais sur deux volets complémentaires : un volet aérien (mission de frappes et de renseignement) en Irak et en Syrie et un volet formation (conseils aux forces irakiennes ainsi qu'aux Peshmergas kurdes).

Dates clés

18 septembre 2014 : intervention en Irak
27 septembre 2015 : intervention en Syrie

Motivation de l'intervention française

<u>En Irak</u>

Dés 08/2014, les conquêtes militaires de l'EI conduisent la France à rallier la coalition militaire organisée par les Etats Unis pour soutenir le régime légal.

<u>En Syrie</u>

La France a mis en avant dès 2012 un devoir d'assistance humanitaire aux populations civiles. Les frappes au gaz sarin du 21/8/13 conduisent la France à décider l'opération 'Fight tonight'. Des frappes aériennes, conjointes avec les avions américains et britanniques sont programmées pour la nuit du 31 août 2013, visant les forces syriennes responsables des attaques au gaz sarin de la Goutha. Ces frappes furent annulées au denier moment suite au pas de clerc américain cf. chap. 2. La France a invoqué un droit de légitime défense pour justifier les frappes engagée à compter du 27/09/2015 sur l'EI, suite aux attentats du 13/11/15. Ces frappes ont de facto contribué à soulager la pression sur les forces syriennes.

Ni Bachar, ni Daech

17/08/12 Après la visite d'un camp de réfugiés syriens en Turquie, Laurent Fabius, ministre des affaires étrangères déclare : «Le régime syrien doit être abattu et rapidement... Bachar al-Assad ne mériterait pas d'être sur la Terre».

15/09/14 François Hollande, lors de son Discours d'ouverture de la conférence sur la paix et la sécurité en Irak réunie à Paris, déclare : « En Irak et en Syrie en particulier, l'organisation terroriste Daesh, qui se prétend État islamique, atteint des degrés de maîtrise territoriale transfrontalière, d'organisation, de capacité financière et d'équipement encore jamais vus. Elle a déjà pris le monde à témoin d'actes barbares. Au quotidien, elle terrorise des populations entières. Elle déstabilise une région déjà très fragilisée et ambitionne de constituer un État terroriste dans le voisinage de l'Europe. »

28/09/15 Devant l'assemblée générale de l'ONU, François Hollande déclare : « Assad est à l'origine du problème, il ne peut pas faire partie de la solution ... Certains déploient tous leurs efforts diplomatiques pour incorporer Bachar dans ce processus. On ne peut pas faire travailler ensemble les victimes et le bourreau. ».

Cadre juridique

L'annonce du Président François Hollande dans son allocution au Congrès le 16/11/15 'la France en guerre' a plus un sens autant politique au lendemain des attentats. Juridiquement, la France est en guerre en Irak depuis le 18/9/2014 date des premiers bombardements d'avions français sur Daech.

Constitution de la Ve République
La décision d'engagement de l'armée française a été pris par le Président de la République François Hollande, chef des armées, en vertu des l'article 15 de la constitution de 1958. Conformément à l'article 35-2, La prolongation de la guerre conduite par la France en Irak depuis septembre 2014 a été votée par le Parlement le 15/1/15 et le gouvernement a informé le 15/9/15 le Parlement français de l'entrée en guerre de la France en Syrie. Le Parlement devra approuver la reconduction au-delà de quatre mois l'engagement de la France en Syrie.

Droit international

Au regard du droit international, le gouvernement français considère que la légitimité internationale est offerte par la résolution 2170 du Conseil de sécurité de l'ONU, en date du 15 août 2014 pour l'engagement en Irak et par l'article 51 de la Charte des Nations unies qui porte sur la légitime défense pour l'engagement en Syrie. L'invocation de l'article

51 est contestée par Patrick Baudouin, président d'honneur de la Fédération internationale des droits de l'homme (FIDH) ainsi que Jean-Paul Laborde, directeur exécutif du Comité contre le terrorisme, rattaché au Conseil de sécurité de l'ONU au motif que cet article s'applique « quand un État attaque un autre État », or l'État islamique « on ne peut pas dire que c'est un État » , et « pour ce qui est de la légitime défense individuelle, elle implique, pour être constituée, que le pays qui la met en pratique puisse justifier, éléments à l'appui, que les personnes visées lors des frappes aériennes étaient effectivement sur le point de commettre des attaques sur son sol national ».

<u>Etat d'urgence</u>

L'état d'urgence décrété puis prolongé par le Parlement français le 20/11/15 est une mesure visant à protéger la <u>sécurité intérieure</u> de la France.
cf. chap. 21

Forces engagées

La France procède à des frappes aériennes à partir de bases situées en Jordanie (Mirage 2000), EAU (Rafale air) et du Porte-avions Charles de

Gaulle (Rafale marine notamment) fut sur zone depuis le 23/11/15 au 23/02/16.

La France exclut l'engagement de troupes au sol. Environ 130 conseillers militaires et instructeurs sont présents auprès des troupes irakiennes et kurdes.

Les frappes françaises ont visé des installations de l'EI en Irak à Falloujah, Kirkouk, Mossoul et Ramadi. En Syrie, Deir ez-Zor et Racca notamment.

La France fournit des armements légers aux forces kurdes (a/c août 2014) ainsi qu'à l'opposition démocratique de l'ASL (a/c 2012).

En dix mois, les forces françaises ont formé 1700 hommes de l'Iraki Counter Terrorism Service (ICTS), qui a combattu l'EI à Ramadi.

L'engagement militaire français est coordonné avec celui des autres forces engagées dans l'alliance occidentale, en particulier américain, mais reste placée sous commandement français.

Bilan

Fin 2015, l'aviation française a mené 2 500 sorties aériennes, 321 frappes et détruit 580 objectifs.

Aucun soldat français n'est déclaré mort au combat, ni aucune perte matérielle.

Il n'existe pas de bilan officiel du nombre de tués militaires et civils suite aux frappes françaises. L'OSDH publie des chiffre relatives aux deux alliances militaires cf. chap. 16

Sources officielles

http://www.defense.gouv.fr/operations/irak-syrie/dossier-de-presentation-de-l-operation-chammal/operation-chammal
http://rpdefense.over-blog.com/tag/chammal/

Christophe Stener

23 - Glossaire

ALAOUITES : chiites séparée du chiisme duodécimain au IX e siècle, présents en Syrie

AMIN : le loué

APOISTE : confédéralisme démocratique du PKK

ANSAR AL CHARIA : partisans de la Charia nom de divers groupes islamistes présents dans différents pays

AYATOLLAH : dignitaire religieux chiite

BID'AH : innovation, idée nouvelle, hérésie

CALIFES : « lieutenants ou représentants », successeurs de Mahomet, ils sont les dirigeants temporels et spirituels de la communauté des musulmans, l'oumma. Mais dès la mort du prophète, s'opposent ceux qui veulent les choisir dans sa famille (Ali son gendre et les chiites), et ceux qui veulent choisir les plus « aptes » à gouverner, appelés « sunnites ».

CHAM: Machrek (moins l'Irak), « Grande Syrie »

CHABIHA = sicaires du régime syrien

CHARIA : « chemin qui mène à la source », ensemble des règles tirées de la Révélation et donc du Coran et des Hadiths, qui codifient tous les aspects de la vie privée et publique des Musulmans qui la considèrent comme la « loi divine ».

CHIISME : groupe des partisans (shi'ia) d'Ali, gendre et successeur de Mahomet qui est assassiné en 661, comme son fils Hussein en 680 à Karbala, et qui est représenté depuis par les 12 premiers imams, véritables guides de la communauté d'un clergé extrêmement hiérarchisé, aujourd'hui dirigé par un ayatollah ou « signe de Dieu ».

CHOURA ou SHURA : Parlement d'un Etat islamique

CORAN / KURAN : livre sacré de l'islam, "récitation"

DAR AL HARB : Terre de guerre, celle des infidèles

DAE AL ISLAM: Islam

DAR AL SALAM = DAR AL ISLAM : Terre de paix

DHIMMI : tributaire, gens du Livre (juifs, chrétiens, mazdéens) ayant liberté de culte si paiement de la djizia

DHIMMIRUDE : condition juridique des dhimmis

DIWAN : gouvernement

DJIHADISME : Théorie qui place le djihad (grand : effort sur soi et petit : conquêtes extérieures) comme moyen d'action et comme finalité s'appuyant sur deux théoriciens, le frère musulman Egyptien Sayyd Qotib (1906-1966) et le fondamentaliste Pakistanais Maulan Maududi (1903-1979) à l'origine de la création de l'Etat islamique pakistanais et des Talibans.

DJIZIA : capitation devant être versée par les dhimmi pour bénéficier de la liberté de culte

DRUZES : population pratiquant une forme de chiisme

EGLISE APOSTOLIQUE ARMENIENNE : fondée vers 300 par Grégoire l'Illuminateur, son siège historique est à Etchmiadzin en Arménie.

EGLISE ASSYRO-CHALDENNE OU NESTORIENNE : sa langue liturgique est le syriaque (proche de l'araméen) et son siège est à Séleucie-Ctesiphon près de Bagdad, mais aujourd'hui en résidence à Erbil.

EGLISE COPTE : héritière du monophysisme qui ne reconnaît au Christ qu'une seule nature, elle a pour langue liturgique le copte et le guèze. Son siège est à Antioche (Antakya en Turquie) ou au Caire.

EGLISE GRECQUE CATHOLIQUE OU MELKITE : rassemble les partisans du concile de Chalcédoine hostiles au monophysisme, qui se sont ralliés en 1724 à l'Eglise catholique de Rome, tout en conservant leurs rites orientaux.

EGLISE GRECQUE ORTHODOXE : nombreuse en Syrie, elle a son siège à Damas, mais est constituée aujourd'hui d'une forte diaspora en Amérique latine.

EGLISE MARONITE : fondée au Vème siècle par un moine appelé Maron, et restée rattachée à Rome depuis les croisades, suit le rite catholique et a son siège patriarcal à Bkerké au Liban.

EGLISE SYRIAQUE ORTHODOXE OU JACOBITE : fondée au milieu du VIème siècle par l'évêque d'Ephèse Jacques Baradée, et d'inspiration monophysite, son siège est à Homs en Syrie et sa langue liturgique est le syriaque

FATWA : avis doctrinal des docteurs de la foi musulmans

FITNA : discorde, désordre, anarchie au sein de l'oumma

FRERES MUSULMANS : mouvement islamiste réformiste fondé en 1928 par l'instituteur égyptien   Hassan Al Bannah, en réaction à l'occupation de son pays par les Anglais et qui poursuit une réislamisation de la société égyptienne par le bas mais a aussi un projet politique.

HADDITHS : propos rapporté du Prophète

HADJ : pèlerinage musulman aux lieux saints

HEGIRE : exil de Mahomet de la Mecque à Yahtrib en 622, qui est le point de départ du calendrier musulman, fondé sur une année de 12 mois lunaires et qui compte 11 jours de moins que le nôtre. 2016 correspond donc à l'année 1437 pour les Musulmans

HIJRA = hégire du Prophète = émigration vers Dar al Islam

HOUTIS : organisation insurrectionnelle chiite yéménite

IMAM : chef religieux

INTIFADA: soulèvement

ISLAM: ensemble des peuples se réclamant de la religion musulmane - I majuscule

islam : religion musulmane - i minuscule

ISLAMISME : doctrine fondamentaliste qui prône l'extension politique de l'Islam par la prédication, par l'instauration d'Etats islamiques ou par la violence et la conquête (djihadisme)

HAZARA : minorité chiite afghane

JAMA'A : Oumma

KAFIR ou KUFFAR : infidèle, incroyant, mécréant
KAKAIS ou AHL-E HAQQ : Yarsanisme
KHARIDJISME : secte apparue lors de la première fitna
KHUTBA : sermon
MANDEENS : religion contemporaine, baptiste, monothéiste et gnostique
MANICHEISME : doctrine gnostique mise au point par un prédicateur né en 216 de notre ère à Ctésiphon, capitale des Séleucides, nommé Mani ou Manes. Elle suppose l'existence de deux principes à l'origine du monde, un Dieu bon, qui a créé toutes les réalités spirituelles, comme les âmes, et un Dieu mauvais, qui a forgé toutes les réalités matérielles comme les corps, et encourage la lutte du bien contre le mal.
METEMPSYCHOSE : doctrine, d'origine essentiellement hindoue, qui croit en la transmigration des âmes dans d'autres corps, végétaux, animaux ou humains (alors appelée réincarnation), adoptée par le yézidisme et l'islam druze.
MINBAR : chaire de prière dans une mosquée
MOLLAH : membre du clergé chiite
MOUDJAHIDIN : combattants (pluriel de moudjahid) de la foi qui s'engage dans le Djihad
MUHAJIRUN : 'exilés', compagnons de Mahomet ceux qui ont émigré pour le combat par extension combattants étrangers ayant rejoint le djihad
NUSARYRIS ou NOSEIRIS : Alaouites
OUMMA ou UMMA ou JAMA'A : communauté des croyants musulmans
PASDARAN : Gardien de la Révolution Islamique, paramilitaire iranien sous l'autorité du Guide de la révolution, distincte des forces armées iraniennes
PESHMERGAS : combattant kurde
QURAYCHITE/QORAYCHITE : tribu d'origine de Mahomet
RAWAFID : chiite (méprisant)
SABAITES : chiite (méprisant)

SALAFISME : vient de l'arabe « salaf » qui signifie « les ancêtres », c.à.d. les compagnons de Mahomet, doctrine inspirée d'un imam du VIIIème siècle (Ahmed Ibn Hanbal) qui prône un islam rigoriste condamnant les innovations théologiques et prônant un retour aux origines par l'imitation de la vie du Prophète et le respect intégral de la Sunna (Coran, Hadiths et Sira).

SHAHADA : profession de foi qui est en tête du Coran et affirme qu'Allah est unique et que Mahomet est son prophète.

SIRA : biographie du Prophète Mahomet

SOUFISME : courant ésotérique et mystique de l'islam qui recherche la fusion avec Dieu par un effort personnel sur soi qui peut aller jusqu'à la transe. Il se manifeste par l'existence de disciples rattachés à un maître spirituel qui forment des confréries.

SUNNA : Tradition

SUNNISME : Tradition du Prophète ou Sunna, consignée dans les hadiths, ou récits de ses faits et gestes, et interprétée par les cadis (juges), les imams (guides) et les oulémas (théologiens). Suivie par 85 % des Musulmans elle est divisée en 4 écoles juridiques, (chaféite, hanéfite, Hanbalite et Malékite).

TAKFIR : action de désigner quelqu'un comme infidèle

TAKFIRISME : idéologie islamiste justifiant l'assassinat d'autres musulmans par leur excommunication revendiqué par l'EI

TALIBAN : combattant islamiste afghan ou pakistanais

WAHHABISME : doctrine puritaine et rigoriste issue du courant hanbalite et fondée au XVIIIème siècle par Mohammed Ben Abdel Wahhab, qui est devenue la doctrine officielle de la dynastie des Saoud à la tête de l'Arabie depuis 1932, et considère toutes les autres comme « hérétiques ».

YARZANISME : religion fondée au XIVe siècle par le Sulan Sahaak, présent en Irak et Iran

YEZIDIS ou YAZIDIS : Monothéisme syncrétique apparu au XIIe siècle d'inspiration de l'Iran ancien
ZAKAT : aumône
ZAYDITE : branche de l'islam chiite à laquelle adhérent les Houtis
ZOROASTRISME OU MAZDEISME : religion traditionnelle de l'ancienne Perse, du nom de son prophète, Zoroastre ou Zarathoustra, né vers 660 av JC, qui eut une révélation du dieu Ahura-Mazda l'amenant à écrire le livre saint de l'Avesta. Dans ce livre, il décrit la lutte entre le royaume des ténèbres et celui de la lumière, et promet l'immortalité de l'âme au moment du Jugement dernier, donnant une grande place aux mages, chargés d'interpréter les révélations du mazdéisme. C'était la religion d'Etat des Sassanides entre 224 et 651 après JC, date de la conquête arabe de la Perse.

24 - Table des sigles

BRI/BAC : Brigade de Recherche et d'Intervention et Brigade Anti-Commandos

C3N : Centre de lutte contre les criminalités numériques de la Gendarmerie

CDSN : Conseil de Défense et de Sécurité Nationale

CEMA : Chef d'Etat-major des Armées

CIPD : Comité interministériel pour la prévention de la délinquance

CNCTR : Commission nationale de contrôle des techniques de renseignement

CNIL : Commission Nationale Informatique et Liberté

CNR : Conseil national du renseignement

CPCO : Centre de Planification et de Conduite des Opérations

CPDSI : Centre de Prévention contre les Dérives Sectaires http://www.cpdsi.fr/

CPDSI : Centre de Prévention contre les Dérives Sectaires liées à l'Islam

CPP : Code de Procédure Pénale

CRS : Compagnies Républicaines de Sécurité

CSDN :

DAP : Direction de l'Administration Pénitentiaire

DCPA : Direction Centrale de la PAF

DCPJ : Direction Centrale de la Police Judiciaire

DCRT : Direction Centrale du Renseignement Territorial

DCSP : Direction Centrale des Services de Police

DGPN : Direction Générale de la Police nationale http://www.police-nationale.interieur.gouv.fr/

DGSE : Direction Générale de la Sécurité Extérieure http://www.defense.gouv.fr/dgse

DGSI : Direction Générale de la Sécurité Intérieur
http://www.interieur.gouv.fr/Le-ministere/DGSI
DOD : Department Of Defense - Min. de la défense US
http://www.defense.gov/News/Special-
Reports/0814_Inherent-Resolve
DPS : Détenus Particulièrement Surveillés
DPSD : Direction de la Protection et de la Sécurité de la
Défense http://www.defense.gouv.fr/dpsd
DRM : Direction du Renseignement Militaire
http://www.defense.gouv.fr/ema/interarmees/la-direction-du-
renseignement-militaire
DRNED : Direction Nationale du Renseignement et des
Enquêtes Douanières : http://www.douane.gouv.fr/
DRPP : Direction du renseignement de la Préfecture de police
DPS : Détenus Particulièrement Signalés
EMA : Etat-Major des Armées
EMOPT : Etat Major Opérationnel de Prévention du
Terrorisme
EMS3 : Etat-Major de Sécurité – 3e Bureau de la DAP
EUROPOL : https://www.europol.europa.eu/content/page/about-us
FAI : Fournisseurs d'Accès Internet
FIDH : Fédération Internationale des Droits de l'Homme
FIPN : Force d'Intervention de la Police Nationale
FPR : Fichier des Personnes Recherchées
Frontex : coopération opérationnelle aux FRONTières
EXtérieures http://frontex.europa.eu/
FSPRT : Fichier de police
G.I. : soldat américain
GIPN : Groupes d'Intervention de la Police Nationale
HCR : voir UNHCR
HPG : bras armé du PKK
HRW: Human Rights Watch https://www.hrw.org/fr
OCHA Organisation pour la Coordination des Actions
Humanitaires http://www.unocha.org/

OCI : Organisation de la coopération islamique http://www.oic-oci.org/oicv2/home/?lan=fr

ODSH Observatoire syrien des droits de l'homme http://www.syriahr.com/

OHCR : Haut Commissaire aux Droits de l'Homme des Nations Unies http://www.ohchr.org/

OIAC : Organisation pour l'interdiction des armes chimiques https://www.opcw.org/fr/

ONU : Organisation des Nations Unis voir UNO

ONUST / UNTSO : UN Truce Supervision Organisation http://untso.unmissions.org/

OTAN : voir NATO

NATO :   Organisation de l'Atlantique Nord http://www.nato.int/nato-welcome/index_fr.html

PAF : Police de l'Air et des Frontières

PAJK : milices armées féminines du PKK

PJ : Police Judiciaire

RAID : Recherche, Assistance, Intervention, Dissuasion

RG : Renseignements généraux devenus DCRT

SCRT : Service Central des Renseignements Territoriaux

SDAO sous-direction de l'anticipation opérationnelle de la Gendarmerie nationale

SG-CIPD : Comité Interministériel de Prévention de la Délinquance http://www.interieur.gouv.fr/SGCIPD/CIPD

SGDSN : Secrétariat Général de la Défense et de la Sécurité Nationale http://www.sgdsn.gouv.fr/

FGI : Tribunal de Grande Instance

TPI : Tribunal Pénal International

Tracfin : TRAitement du renseignement et action contre les Circuits FINanciers clandestins

UCLAT : Unité de Coordination de la lutte Anti Terrorisme

UNDOF ou FNUOD : Force des NU surveillant le Golan http://www.un.org/fr/peacekeeping/missions/undof/

UNESCO : http://www.unesco.org/

UNICEF : Fonds des NU pour l'enfance
http://www.unicef.org/french/
UNHCR : Haut Commissariat aux Réfugiés des Nations Unies
http://www.unhcr.fr/
UNO : Organisation des Nations Unies = ONU
http://www.un.org/fr

25 - Personnalités

Haïder al-Abad - Premier ministre irakien
Mahmoud Abbas -   Chef du Hamas
Abddallah II - Roi de Jordanie
Abou Muhamed al-Adnani - Porte parole de l'EI
Kofi Annan - Médiateur international de l'ONU (2011-2012)
Abu Ali al-Anbari - ex Général irakien, dirigeant de l'EI
Mohammed Allouche - Chef de la délégation du HCN
Yasser Arafat - Chef de l'OLP
Bachar el Assad - Président syrien
Hafez el Assad - Président syrien
Anwar al-Awlaqi - Chef d'AQPA
Abou Omar al-Baghdadi * de Hamid Daoud Muhammad Khalil al-Zawi #
                                        Chef de l'EII
Abou Abdullah al-Rashid al-Baghdadi # de Abou Omar al-Baghdadi *
                                        Chef de l'EII
Awad Ibrahim Ali al-Badri # Abou Bakr al-Baghdadi al-Husseini al-Qurashi *
                                        Chef de l'EI
Abou Bakr al-Baghdadi al-Husseini al-Qurashi * Awad Ibrahim Ali al-Badri #
                                        Chef de l'EI
Hassan Al-Banna - Fondateur des Frères musulmans
Massoud Barzani - Dirigeant kurde irakien
Mokhtar Belmokhtar - Chef d'AQMI
Lakhdar Brahimi - Médiateur international de l'ONU (a/c 2012)
Abou Omar al-Chichani - Dirigeant de l'EI
Moustafa Choukri - Idéologue du takfirisme
Recep Tayyip Erdoğan - Président turc
Mansour Hadi - Président du Yemen
Rafiq Hariri - Premier ministre libanais
Saddam Hussein - Président irakien
Jihadi John - Djihadiste anglais
Abou Mohammed al-Joulani * Osama al-'Absi al-Waahdi # -
                Dirigeant du Front Al-Nosra
Mansour Hadi - Président du Yemen (-2012)
Gilles de Kerchove - Coordinateur UE Lutte anti-terrorisme
Mouammar Kadhafi - Dirigeant de la Lybie (-2011)
Ali Khamenei - Premier ministre iranien
Rouhollah Mousavi Khomeini - Guide de la révolution iranienne
Ban Ki-moon - Secrétaire général de l'ONU
Oussama Ben Laden - Chef d'Al-Qaïda

Haji Lakr * Samir Abd Muhammad al-Khlifaw #
    Ex Colonel irakien, dirigeant de l'EI
Nouri Kamil Mohammed Hasan al-Maliki - Premier ministre irakien
Abou Ayyoub al-Masri # d'Abou Hamza Al-Mouhajer *
    Chef d'Al-Qaïda en Irak
Steffan de Mistura- Envoyé spécial de l'ONU pour la Syrie
Federica Mogherini - Représentante UE pour les affaires étrangères
Mohamed Mohamed Morsi Issa al-Ayyat - Président égyptien
Abou Hamza al-Mouhajer * d'Abou Ayyoub al-Masri #
    Chef d'Al-Qaïda en Irak
Salih Muslim - Dirigeant du PYD
Abou Bakr Naji * de Muhammad Khalil al-Hakaymah #
    Auteur de la Gestion de la sauvagerie
Hassan Nassrallah- Chef du Hezbollah
Abdullah Öcalan - Dirigeant du PKK
Mohammad Omar - Chef des talibans
David Petraeus - Ancien général et directeur de la CIA
Sayyit Qutb / Qot - Théoricien des Frères musulmans
Mansour Saleh - Président du Yémen (2012-)
Salmane ben Abdelaziz Al Saoud - Roi d'Arabie saoudite (2015-)
Abdel Fattah Saïd Hussein Khalil al-Sissi - Président égyptien
Ali Husaini al-Sistani - Ayatollah iranien résident en Irak
Abu Musab al-Suri *   Mustafa bin Abd al-Qadir Setmariam Nasar #
    Djihadiste de l'EI
Jalal Talabani - Président de l'UPK
 Ahmad al Thani - Emir du Qatar
Abu Muslim al-Turkmani * Fadel Ahmed Abdullah al-Hiyali #
    Chef de l'EI
Ahmad Vahidi - Ministre de la défense iranien
Ayman al-Zaouahiri - Chef d'Al-Qaïda
Abou Moussab al-Zarqaoui * d'Ahmad Fadil Nazzal al-Khalayleh
    Chef d'Al-Qaïda en Irak
Hamid Daoud Muhammad Khalil al-Zawi # Abou Omar al-Baghdadi
    Chef de l'EI

nom de guerre
 # nom Etat civil

25 - Organisations

AKP	Parti de la justice et du développement turc
Al Furqan	Agence média de l'EI
Al Hayat	Agence média de l'EIL
Al Qods	Brigades iraniennes de Jérusalem
Al-Nosra	Front Al-Nosra
Al-Qaïda	Organisation terroriste salafiste
AL Sahab	Agence média d'Al-Qaïda
Ansar Allah	Mouvement houtiste
AQMI	Al Qaïda au Maghreb Islamique
AQPA	Al Qaïda en Péninsule Arabique
Armée de la Conquête	Coalition/Chambre d'opération
Armée des Moudjahidines	Alliance rebelle
ASL	Armée Syrienne Libre
CDS	Conseil Démocratique Syrien
Daech	Etat Islamique en Irak et au Levant
EI	Etat Islamique en Irak et au Levant
EII	Etat islamique en Irak (2006-2013)
EIIL	Etat Islamique en Irak et au Levant
Émirat du Caucase	Organisation russe terroriste
Ennadha	Parti politique tunisien

islamo-conservateur
Fatah Halab   Coalition rebelle
Forces Démocratiques de Syrie   Coalition YPG et groupes rebelles
Frères musulmans   Organisation islamiste théoricienne du djihad
Front Al-Nosra   Front de la Victoire des peuples du Levant
Front Ansar Dine   Coalition/Chambre d'opération
Front islamique   Alliance de groupes rebelles syriens
GRI   Gardiens de la Révolution Islamique
Hamas   Mouvement islamiste palestinien sunnite
Hash'd al-Sha'bi   Milices chiites irakiennes
Hezbollah   Mouvement islamiste chiite libanais
HCN   Haut-Comité des Négociations Rebelles syriens
HPG   Bras armé du PKK
HPY   Branche armée du PKK
ISIS   Islamic State of Iraq and al-Sham = EI
Mouvement islamiste salafiste   Mouvement islamiste salafiste
Naqshbandiyya   Confrérie soufie et mouvement nationaliste irakien
OEI   Organisation Etat Islamique = EIIL
PDK   Parti du Kurdistan irakien
PKK   Parti du Kurdistan turc
PYD   Parti du Kurdistan syrien

UPK	Parti du Kurdistan irakien
YPG	Branche armée du PYD
YPJ	Branche armée féminine de l'YPG

26 - Bibliographie

Le conflit irako-syrien est militaire mais aussi une guerre de communication. Nous avons pris le parti de ne référencer ici aucun des media de la propagande islamiste. Certains sites d'ONG, non partisans, selon nous, sont cités.

Ouvrages

Al-Dbiyat, Courbage, Dupret, Ghazzal - La Syrie au présent, reflets d'une société, Sindbad Actes Sud, 2007

Amir-Moezzi Ali - Dictionnaire du Coran, Laffont Bouquins

Asiem El Difraoui - Al-Qaida par l'image - La prophétie du martyre - 2013

Ballanche Fabrice, géopolitique du Moyen-Orient - Documentation photographique n° 8102, 2014

Balanche Fabrice, Géopolitique du Moyen Orient - La Documentation française 2014

Bauer Alain et Soullez Christophe - Terrrorisme - Dalloz

Belhadj, Souhaïl, la Syrie de Bachar Al Assad. Anatomie d'un régime autoritaire, Belin, mars 2013,

Benraab Myriam - Irak, la revanche de l'histoire – Vendémiaire

Boniface Pascal (dir.), L'Année stratégique 2016 - IRIS-Armand Colin

Corm Georges, Le Proche-Orient éclaté (1956-2007), folio histoire, 5ème édition 2007

Defay Alexandre - Géopolitique du Proche-Orient - Que sais-je ? - PUF

Filiu Jean –Pierre : Les Arabes, leur destin et le nôtre .La Découverte , Paris 2015

Filiu Jean-Pierre - Je vous écris d'Alep - Denoël - 2013 -

Filiu Jean-Pierre - L'apocalypse dans l'islam -Fayard - 2008

Filiu Jean-Pierre - Les frontières du djihad - Fayard - 2006

Fottorino, Eric, ouvrage collectif   Qui est Daesh ? Comprendre le nouveau terrorisme www.le1hebdo.fr

Gourdin Philippe et alii, Pays d'Islam et monde latin - Atlante - 2001

Henin Nicolas - Jihad Academy - Livre de poche - 2016

Kepel Gilles - Terreur et martyre – Flammarion

Kepel Gilles et Jardin Antoine - Terreur dans l'Hexagone, Genèse du djihad français, Gallimard, 2015

Kepel Gilles - Du djihad à la fitna

La Sablière, Jean- Marc de : Le Conseil de sécurité des Nations-Unies - Ambitions et limites. Larcier, Bruxelles 2015

Larroque Anne-Clémentine - Géopolitique des islamismes - Que sais-je ? – PUF

Le Caisne Garance - Opération César au cœur de la machine de mort Syrienne - Stock - 2015

Le Monde :   La Syrie au présent, reflets d'une société, Sindbad Actes Sud - 2007

Le Monde - Hors série - Le conflit en Irak et en Syrie - 2016

Luizard Jean-Pierre - Le piège Daech - La Découverte, Paris 2015

Luizard Pierre-Jean, la question irakienne, Paris Fayard 2004

Micheau Françoise - Les Relations des pays d'Islam avec le monde latin - Vuibert – 2000

Mouline Nabil - Le Califat, histoire politique de l'islam - Flammarion - 2016

Mutin Georges, le Moyen-Orient, peuples et territoires, Ellipses, carrefours, les dossiers, 2007

Myriam Benraad, Irak : de Babylone à l'État islamique - Le Cavalier Bleu, 2015

Roy Olivier - L'échec de l'islam politique - Points - 2015
Seurat Michel - Syrie : l'Etat de barbarie - PUF - 2012
Sfeir Antoine, - Dictionnaire du Moyen-Orient, Bayard, 2011
Sfeir Antoine, L'islam contre l'islam. L'interminable guerre des sunnites et des chiites, Grasset, le livre de poche 2013
Sourdel Dominique et Sourdel-Thomine Janine - Vocabulaire de l'Islam - Que sais-je ? - PUF
Thomson David - Les français djihadistes - Les Arènes - 2016
Valognes, Jean-Pierre, vie et mort des chrétiens d'Orient, Fayard, 1994
Weiss Michael et Hassan Hassan - Etat islamique - Hugo Doc - 2015

Revues & journaux

Foreign affairs https://www.foreignaffairs.com/
Le Monde diplomatique http://www.monde-diplomatique.fr/
Courrier international http://www.courrierinternational.com/
Le Monde http://www.lemonde.fr/

Sites internet

Internationaux

ONU www.un.org
OHCR http://www.ohchr.org/
USA / DOD Inherent Resolve Operation http://www.defense.gov/News/Special-Reports/0814_Inherent-Resolve

Institutionnels français

Présidence de la République http://www.elysee.fr/

Premier ministre http://www.gouvernement.fr/attentats-de-paris-la-france-en-guerre-3281

Ministère des affaires étrangères http://www.diplomatie.gouv.fr/fr/dossiers-pays/syrie/la-france-et-la-syrie/

Ministère de la Défense http://www.ri35.terre.defense.gouv.fr/operations/irak-syrie/actualites

http://www.gouvernement.fr/attentats-de-paris-la-france-en-guerre-3281

http://www.stop-djihadisme.gouv.fr/

http://www.gouvernement.fr/action/la-lutte-contre-le-terrorisme

https://www.internet-signalement.gouv.fr/

Universitaires et consultants

<u>Cartographie</u>

The Gulf 2000 Project http://gulf2000.columbia.edu/maps.shtml

Pieter Vanostaeyen https://pietervanostaeyen.wordpress.com/

Gremmo http://www.gremmo.mom.fr/recherche/cartographie-de-la-crise-syrienne

<u>Think tanks</u>

International Crisis group http://www.crisisgroup.org/

Airwars http://airwars.org/

American Enterprise Institute https://www.aei.org/

Rand corporation http://www.rand.org/

SITE Intelligence Group http://www.siteintelgroup.com/

Carnegie Endowment for International Peace http://carnegieendowment.org/fr

Brooking Institute http://www.brookings.edu/

Stratfor https://www.stratfor.com/

ISW http://www.understandingwar.org/

<u>France</u>

EHESS Cadis http://cadis.ehess.fr/
EHESS CEIFR http://ceifr.ehess.fr/
ENS   http://geographie.ens.fr/Les-membres-du-centre.html?lang=fr
IHEDN http://www.ihedn.fr/
INHESJ http://www.inhesj.fr/
Les cahiers de l'Orient http://lescahiersdelorient.org/
Sciences Po - CERI http://www.sciencespo.fr/ceri/fr/
CNRS - Iremam http://iremam.cnrs.fr/
CNRS-Université Lyon 2 - GREMMO / UMR 5195
http://www.gremmo.mom.fr/

ONG

ODSH Observatoire syrien des droits de la personne
http://www.syriahr.com/en/
HRW Human Rights Watch https://www.hrw.org/fr
Amnesty international http://www.amnesty.fr/
Institute for the study of war http://www.understandingwar.org/
PHR   Physicians   for   Human   Rights
http://physiciansforhumanrights.org/
Handicap international http://www.handicap-international.us/
Syrian Network for Human Rights http://sn4hr.org/

28 – Contributeurs à l'ouvrage

Laurent Bensaïd, professeur agrégé d'histoire au lycée Janson de Sailly, Paris

Marc de Velder, professeur agrégé d'histoire au lycée Henri IV, Béziers

Vincent Lahondère, professeur certifié d'histoire-géographie

Dominique Mattei, professeure agrégée d'histoire. Formatrice IUFM

Bruno Modica, professeur agrégé d'histoire, au lycée Henri IV, Béziers

Christophe Stener, ancien élève de l'Institut d'Etudes Politiques de Paris, ancien élève de l'Ena

Frédéric Stévenot, professeur agrégé de géographie au lycée Paul-Claudel, Laon

Jean-Baptiste Veber, professeur certifié d'histoire-géographie au collège Vincent Van Gogh de Clichy la Garenne

Chaque auteur est seul responsable de sa contribution.

Bibliographie des auteurs

Bruno Modica

Editions l'Étudiant
Réussir ses dissertations aux concours administratifs.
Les droits de l'homme,
Dictionnaire de culture générale
Réussir le concours de professeur des écoles

Publications à « La documentation française »
Culture générale, thèmes de société – 2015 - Collection formation, administration concours

Christophe Stener

<u>Ouvrages universitaires</u>

Législation financière – 1985 – CFPP du Ministère des finances

Manuel de droit fiscal – 1996 – Editions Masson

Dictionnaire politique de l'internet et du numérique - ouvrage collectif – Editions 2011 & 2012 - Edition enrichie à paraître mai 2016, préfacé par madame Axelle Lemaire

<u>Ouvrages de fiction</u>

Aux Editions BOD :
Eaux mortelles à Vichy – 2015
Unity Walkyrie Mitford, la groupie d'Hitler – 2015
Exposée – Djihad 4.0 – 2015
Double feu – Djihad 4.0 – 2015
14 Juillet – Djihad 4.0 – 2016

Sommaire

Edition : BoD - Books on Demand
12/14 rond-point des Champs Elysées, 75008 Paris
Imprimé par Books on Demand GmbH, Norderstedt, Allemagne
ISBN : 9782810604531
Dépôt légal : Mars 2015

FSC
www.fsc.org
MIXTE
Papier issu
de sources
responsables
Paper from
responsible sources
FSC® C105338